Schiller | Die Jungfrau von Orleans

Lektüreschlüssel XL

für Schülerinnen und Schüler

Dieses Buch wurde klimaneutral gedruckt.

Alle CO_2-Emissionen, die beim Druckprozess unvermeidbar entstanden sind, haben wir durch ein Klimaschutzprojekt ausgeglichen.

Nähere Informationen finden Sie hier:

Klimaneutral
Druckprodukt
ClimatePartner.com/14058-1912-1001

Friedrich Schiller

Die Jungfrau von Orleans

Von Wilhelm Borcherding

Reclam

Dieser Lektüreschlüssel bezieht sich auf folgende Textausgabe: Friedrich Schiller: *Die Jungfrau von Orleans. Eine romantische Tragödie.* Hrsg. von Uwe Jansen. Stuttgart: Reclam, 2022. (Reclam XL. Text und Kontext. 16145.) Diese Ausgabe ist seiten- und zeilengleich mit der in Reclams Universal-Bibliothek Nr. 47.

E-Book-Ausgaben finden Sie auf unserer Website unter www.reclam.de/e-book

Lektüreschlüssel XL | Nr. 15542
2022 Philipp Reclam jun. Verlag GmbH,
Siemensstraße 32, 71254 Ditzingen
Druck und Bindung: Eberl & Koesel GmbH & Co. KG,
Am Buchweg 1, 87452 Altusried-Krugzell
Printed in Germany 2022

ISBN 978-3-15-015542-4

Auch als E-Book erhältlich

www.reclam.de

Inhalt

1. Schnelleinstieg

Autor	• Friedrich Schiller, geboren am 10. November 1759 in Marbach am Neckar, gestorben am 9. Mai 1805 in Weimar • Neben Johann Wolfgang von Goethe gilt Friedrich Schiller als einer der bedeutendsten deutschsprachigen Dichter. Zudem war er ein ausgezeichneter Kenner und Praktiker des Theaters.
Entstehungszeit und Uraufführung	• Frühjahr 1800: erste Pläne zum Stück • September 1800: Beginn der Schreibarbeit • April 1801: Fertigstellung • 11. September 1801: Uraufführung in Leipzig
Ort und historischer Hintergrund	Hauptorte der Handlung: Chinon, Orleans, Paris und Dom Remi im Norden Frankreichs historischer Hintergrund: Hundertjähriger Krieg zwischen Frankreich und England (1337–1453), insb. Belagerung von Orléans (1428–29) und Krönung Karls VII. (1429)
Epoche	Klassik (um 1786 bis um 1832), romantische Elemente
Gattung	»romantische Tragödie« (S. 1)
Aufbau	Prolog mit vier Auftritten sowie fünf Aufzüge mit einer unterschiedlichen Anzahl von Auftritten, geschlossenes Drama

Jeanne d'Arc und die *Jungfrau von Orleans*

Schiller orientiert sich in seiner »romantische[n] Tragödie« (S. 1) *Die Jungfrau von Orleans* am Leben der französischen Nationalheldin Jeanne d'Arc (um 1412–1431), die dem französischen Heer 1429, während des Hundertjährigen Krieges gegen England, zur Befreiung des besetzten Orléans verhalf. Allerdings weicht er von deren Lebensgeschichte ab. Er verändert die tatsächlichen Familienverhältnisse, lässt seine Protagonistin entgegen der historischen Person zwischen dem französischen König Karl VII. und dem Herzog von Burgund, Philipp, vermitteln. Die Hauptfigur Schillers erleidet eine Krise, als sie ihr Selbstverständnis als Gotteskämpferin ohne irdisches Verlangen hinterfragen muss: Sie verliebt sich plötzlich in einen Engländer. Dieser dramatische Konflikt hat keine Entsprechung in der Lebensgeschichte der historischen Jeanne d'Arc. Johannas Leben endet im Krieg gegen die Engländer und nicht auf dem Scheiterhaufen, auf dem ihre historische Vorlage als Hexe verbrannt wurde. Die literarische Figur tötet anfangs eiskalt ihre Feinde, während Jeanne laut ihrer Aussagen im Hexenprozess nie jemanden getötet hat, sondern dem französischen Heer lediglich mit einer weißen Fahne ›bewaffnet‹ voraufgegangen ist.

Schiller verfolgte mit seinem Stück ästhetisch-künstlerische, aber auch erzieherische Absichten: So wollte er mit seiner Johanna unter anderem eine literarische Figur erschaffen, die den deutschen Leserinnen und Lesern die Gelegenheit bot, die aktuellen politischen Probleme um 1800 kritisch zu beobachten und zu diskutieren: Die napoleonischen Truppen drangen zur Entstehungszeit des Stückes scheinbar unaufhaltsam in Deutschland vor. Johanna sollte eine Identitätsfigur darstellen, die ›Vaterlandsliebe‹ wecken und ein politisches Bewusstsein hervorrufen sollte. Schillers politisches Ziel war es, die Bereitschaft dazu zu intensivieren, das deutsche ›Vaterland‹ gegen den Aggressor Frankreich zu verteidigen.

■ Politisches Ziel

Johanna tritt als »Gottes Kriegerin« (V. 2547) auf, die als »heilig wie die Engel« (V. 3523) verehrt wird: Sie führt das Heer des französischen Königs Karl VII. gegen das englische Heer und das des verbündeten Herzogs von Burgund in erfolgreiche Schlachten (V. 1075–83) und erntet dafür die Ehrerbietung des französischen Königs und seiner Anhänger. Nach eigener Angabe wurde sie von der Erscheinung der Mutter Gottes dazu berufen. Der dramatische Konflikt ergibt sich daraus, dass Johanna, die der Ehe als »weltlich eitle[r]« (V. 2198) Freude entsagt, um sich auf ihre Aufgabe als Kriegerin konzentrieren zu können, plötzlich doch ein weltliches Verlangen verspürt. Die göttliche Berufung zwingt sie nicht nur dazu, ihren vertrauten Familienkreis und ihre Heimat zu verlassen, sie soll auch der »ird'schen Liebe widersteh[en]« (V. 1089). Zunächst scheint es Johanna leichtzufallen, auf eine romantische Beziehung zu verzichten – doch verliebt sich schließlich ausgerechnet in den feindlichen englischen Heerführer Lionel.

■ Dramatischer Konflikt: göttliche Berufung vs. irdisches Verlangen

Differenziert stellt Schiller die Entwicklung Johannas von der gläubigen Schafhirtin zur Gotteskriegerin sowie den heftigen inneren Konflikt dar, der sich aus der Unvereinbarkeit ihres göttlichen Auftrags mit ihrer irdischen Sehnsucht ergibt und zu Selbstzweifeln führt. Nachdem sie außerdem von ihrem Vater des Teufelsbundes bezichtigt und vom König verbannt worden ist, gelingt es Johanna jedoch aus eigener Kraft, ihre »Schwachheit« (V. 3179), ihre Liebe zu Lionel, zu überwinden und ihre kriegerische Entschlossenheit wiederzuerlangen. Noch einmal greift sie entscheidend in den französischen Befreiungskampf ein und führt die französischen Truppen zum Sieg. Es handelt sich um Johannas letzte Tat, da sie im Gefecht tödlich verwundet wird.

■ Überwindung der Krise, Rehabilitierung

In *Die Jungfrau von Orleans* zeigt sich Schillers Interesse daran, mit theatralischen Mitteln zu experimentieren. Durch den Einsatz von bisher wenig angewandten Möglichkeiten des theatralischen Inszenierens wie Musik, Licht- und Akustikeffekten (etwa Blitz und Donner, nach V. 2445) sowie des ›Versinkens‹ von Figuren in der Bühne (nach V. 2445) kann Schiller unter anderem Johannas Gefühlswelt und ihre übernatürlichen Erfahrungen zum Ausdruck bringen.

■ Einsatz theatralischer Effekte

Dort, wo logische Erklärungen des Verhaltens Johannas nicht mehr möglich erscheinen, bemüht Schiller nämlich zahlreiche Wunder: Phänomene wie die Stimme der Mutter Gottes, die Johanna den göttlichen Auftrag erteilt, das Auftreten des schwarzen Ritters, die Selbstbefreiung der Protagonistin aus ihren Ketten, erscheinen plausibel nur als übernatür-

■ Einfluss der Romantik

liche Ereignisse. Hierin zeigt sich der Einfluss der literarischen Epoche der Romantik auf das Stück, das Schiller bezeichnenderweise mit dem Gattungshinweis »romantische Tragödie« (S. 1) versehen hat.

Rezeption der Tragödie

Noch zu Lebzeiten des Autors war der Tragödie ein großer Erfolg beschieden. Bei der Uraufführung in Leipzig bejubelte das Publikum das Stück. Zur dritten Aufführung erschien auch der Dichter, und die anwesenden Zuschauerinnen und Zuschauer feierten ihn mit Applaus und vielfachen Hochrufen. *Die Jungfrau von Orleans* wurde zum beliebtesten Schauspiel Schillers. In den ersten Jahren des neuen Jahrtausends entstanden zahlreiche Neuinszenierungen, die auf deutschsprachigen Bühnen gezeigt wurden und größere Aufmerksamkeit fanden. Deutlich wurde, dass das Stück unterschiedliche Lesarten zulässt: Johanna wurde als Kämpferin für die Rechte der Unterdrückten dargestellt, aber auch als Heilige oder als Diva.

2. Inhaltsangabe

Prolog	1. Aufzug	2. Aufzug
Exposition	Exposition (bis I.7) / steigende Handlung (I.8–11)	steigende Handlung
	11.: Johanna prophezeit engl. Niederlage	
	10.: Prüfung Johannas; Schilderung ihrer göttl. Berufung	10.: Johanna überredet Burgund zum Bündnis mit Frankreich
	9.: Botenbericht: Johannas Rettung des franz. Heeres	9.: Burgund fordert Johanna zum Kampf auf
	8.: Kriegsglück wendet sich zugunsten Frankreichs	8.: Monolog Johannas: dankt Mutter Gottes
	7.: Sorel bedauert Rückzug	7.: im Kampf mit Johanna fällt Montgomery

	6.: Karl ordnet Rückzug in den Süden Frankreichs an	6.: Montgomerys ausweglose Lage; will um Schonung bitten
	5.: Bündnis mit Burgund scheitert; Karl will Orleans aufgeben	5.: engl. Soldaten fliehen
4.: Monolog Johannas: Abschied von Heimat; göttl. Auftrag: Befreiung Frankreichs; Krönung Karls; Liebes- und Eheverbot	4.: Sorel stellt eigenen Besitz zur Verfügung; Hoffnung auf Versöhnung mit Burgund	4.: Johanna führt franz. Soldaten ins engl. Lager
3.: Bertrand berichtet: engl. und burgund. Belagerung Orleans'; Tatenlosigkeit Karls; Kriegsbegeisterung Johannas	3.: Abordnung aus Orleans bittet um Hilfe; unbelohnte schott. Söldner wollen Karl aufkündigen → Verzweiflung	3.: Beschluss, franz. Heer erneut anzugreifen
2.: Thibaut missfällt Johannas Heiratsweigerung; Verehrer Raimond lobt sie)	2.: leere Staatskasse; Dunois drängt Karl zum Kämpfen	2.: Königin Isabeau versöhnt die Parteien
1.: Thibaut d'Arc will Töchter verheiraten (Anlass: Krieg)	1.: Graf Dunois ist von Karl enttäuscht, will ihm aufkündigen	1.: Talbot, Lionel und Burgund streiten über Niederlage

3. Aufzug	4. Aufzug	5. Aufzug
steigende Handlung (bis III.8) / Höhepunkt und Peripetie (III.9,10)	fallende Handlung (IV.11–13)	fallende Handlung mit retardierendem Moment (V.5–9) / Katastrophe (V.14)
		14.: Johanna ist tödlich verwundet, Rehabilitation und himmlische Vision, sinkt tot auf Fahne nieder
	13.: Verbannung Johannas	13.: Isabeau unterwirft sich La Hire
	12.: Dunois versucht vergeblich, Johanna zum Sprechen zu bringen	12.: Johanna führt franz. Heer erneut zum Sieg
11.: Dunois und La Hire finden Johanna, die ohnmächtig wird	11.: Thibauts Anschuldigung: Teufelsbündnis → Johanna verstummt	11.: Johanna kann sich aus den Ketten befreien
10.: Johanna trifft auf Lionel, zögert davor, ihn zu töten, Flucht → Schuldgefühle	10.: Karl hebt die besonderen Leistungen Johannas hervor	10.: Angriff des franz. Heers; Johanna wird in Ketten gelegt; Lionel eilt zur Schlacht
9.: schwarzer Ritter warnt Johanna, versinkt im Boden	9.: Johanna trifft ihre Schwestern	9.: Johanna ist auf einem Wartturm gefangen; lehnt Schutz Lionels ab
8.: Dunois und La Hire haben Johanna aus den Augen verloren	8.: Auch Raimond und Thibaut sind angereist → Thibauts ›Rettungsplan‹	8.: Raimond fordert Rettung Johannas
7.: Karl ordnet Denkmal für Talbot an	7.: Johannas Familie und Bertrand kommentieren Johannas Auftreten	7.: Dunois verurteilt Johannas Verbannung: Erzbischof und König

6.: Talbot ist tödlich verwundet	6.: Beschreibung der feierlichen Krönungsprozession	6.: um nicht zu Lionel gebracht zu werden, fordert Johanna die engl. Soldaten auf, sie zu töten
5.: Engländer formieren sich; Karl und Johanna wollen kämpfen	4. und 5.: Johannas Familie und Bertrand sind zur Krönung nach Reims gekommen	5.: Isabeau nimmt Johanna gefangen
4.: Versöhnung Burgunds mit Du Chatel; Karl adelt Johanna; sie lehnt Heiratsanträge ab		4.: Johannas Selbstzweifel sind verklungen
3.: Versöhnung Burgunds mit Karl	3.: Dunois, Du Chatel und La Hire wollen Johanna zum Fahnentragen überreden; ihre Schuldbekenntnisse verwirren sie	3.: Sohn des Köhlerpaars erkennt Johanna als »Hexe« (V. 3108)
2.: Karl stimmt Bedingungen für Versöhnung zu	2.: Unterhaltung Sorels und Johannas	2.: Johanna und Raimond finden Zuflucht
1.: La Hire und Dunois wollen um Johannas Hand anhalten	1.: Monolog Johannas: Selbstvorwürfe, Schuldgefühle	1.: Köhlerpaar: Unterhaltung über bevorstehenden engl. Angriff

ländliche Gebiete Frankreichs
französiches Lager
englisches Lager
kriegerische Auseinandersetzung

Abb. 1: Übersicht über die Handlung

Den fünf Aufzügen der »romantische[n] Tragödie« (S. 1) hat Schiller einen Prolog vorangestellt, der zusammen mit dem ersten Aufzug die Exposition des Dramas darstellt.

Prolog

1. Auftritt: Frankreich führt mit England eine militärische Auseinandersetzung; englische Soldaten stoßen ins Land vor. Die Nachrichten über die miserable Lage Frankreichs sind bis nach Dom Remi im Norden Frankreichs vorgedrungen. Der reiche Landmann Thibaut d'Arc sorgt sich aufgrund der politischen Situation um die Sicherheit seiner drei Töchter. Er will sie deshalb an junge Männer verheiraten, die sie »versorgen« (V. 21) und beschützen (V. 22) sollen. Die Heirat hat er bereits für den nächsten Tag arrangiert.

■ Die Schwestern heiraten

2. Auftritt: Während die älteren beiden Töchter sich dem Wunsch des Vaters fügen, widersetzt sich seine Jüngste, Johanna, seinen Vorstellungen. Ihm missfällt, dass sie die Bemühungen Raimonds ignoriert, der um sie wirbt. Dieser jedoch äußert Verständnis für Johannas Bemühen, ihre persönliche Freiheit und Unabhängigkeit zu erhalten. Thibaut beklagt, dass Johanna sich von ihrer Familie absondert und sich überwiegend bei ihrer Schafherde aufhält. Weiterhin erregen ihre häufigen Aufenthalte unter einem »Druidenbaume« (V. 93) seinen Verdacht, dass sie mit dem Geisterreich in Verbindung steht. Zudem träumte er wiederholt davon, dass Johanna auf dem

■ Die Sorgen des Vaters

Thron des französischen Königs sitzt und dieser ihr huldigt, was er als Zeichen »sünd'gen Hochmut[s]« (V. 130) deutet. Raimond versucht, Thibaut zu beschwichtigen, indem er auf Johannas besondere Fähigkeiten und ihr Pflichtbewusstsein verweist (V. 133–142). Thibaut zeigt sich jedoch beunruhigt: Er warnt Johanna nachdrücklich, sich vom schauderhaften Baum fernzuhalten. Er hat vor, für sie zu beten.

3. Auftritt: Der Nachbar Bertrand tritt hinzu. Er hat sich auf dem Markt in Vaucouleurs einen Helm aufdrängen lassen. Johanna, die den Gesprächen bisher teilnahmslos gefolgt ist, betrachtet interessiert den Helm und reißt ihn schließlich an sich (nach V. 162, nach V. 190, nach V. 192). Thibaut findet das Verhalten seiner Tochter befremdlich und schilt sie, wird aber von Raimond unterbrochen, der die Tapferkeit und den Mut Johannas hervorhebt, ihr »ein männlich Herz« (V. 196) bescheinigt und sie als »löwenherz'ge Jungfrau« (V. 200) bezeichnet.

Auf Nachfrage Thibauts stellt Bertrand die augenblickliche militärische Situation Frankreichs dar. Die feindlichen Truppen Englands unter der Führung Salisburys, Lionels und Talbots sowie die Soldaten des burgundischen Verbündeten, Philipp, belagern die Stadt Orleans und stehen kurz vor deren Eroberung. Der ›Verteidiger‹ des französischen Territoriums, Dauphin Karl, verharrt ohnmächtig und mutlos in Chinon. Johanna hat sich inzwischen den Helm aufgesetzt und folgt den Ausführungen interessiert. Als sie hört, dass wenigstens ein französischer Ritter

Johannas Zukunftspläne für Frankreich

bereit ist, den König zu unterstützen, ist sie begeistert und sagt voraus, dass eine von Gott berufene »zarte Jungfrau« (V. 326) das Kriegsgeschehen bereits in wenigen Tagen zugunsten Frankreichs wenden wird. Sie lobt die Größe und die Leistungen ihres Vaterlandes und deutet an, dass sie für die Herrschaft über Frankreich nur einen im Land verwurzelten König für geeignet hält. Thibaut wiegelt ab und rät, die weiteren Entwicklungen abzuwarten und der täglichen Arbeit nachzugehen: Letztlich liege die Entscheidung über die Herrschaft über Frankreich bei Gott und betreffe »die Großen« (V. 375), nicht die Landbevölkerung.

Exposition: Johanna verlässt ihre Heimat

4. Auftritt: Nachdem die übrigen Figuren abgegangen sind, verabschiedet sich Johanna von ihrer Heimat und ihrer Herde. Nicht eigenes Verlangen bestimmt ihr Verhalten, sondern »des Geistes Ruf« (V. 399), der zu ihr aus den Zweigen des geheimnisvollen Baumes gesprochen und sie zur Teilnahme am Krieg aufgefordert habe. Sie zitiert den Geist, der Bedingungen genannt habe, die mit dem Auftrag verbunden sind: Sie darf keinen Mann lieben (V. 411), sie darf nicht heiraten (V. 413), und sie wird niemals Mutter werden (V. 414). Die Gegenleistung des Geistes bestehe darin, sie mit »kriegerischen Ehren« (V. 415) zu schmücken, die ihr dadurch gebühren würden, dass sie Frankreich in Zeiten, in denen selbst die mutigsten französischen Krieger verzagen, zum Sieg führen, Reims befreien und dort den König krönen werde (V. 417–424).

1. Aufzug

1. Auftritt: Dunois, der aus der Normandie herbeigeeilt ist, um an der Seite des Dauphins Karl gegen die Engländer zu kämpfen, will ihn wieder verlassen, weil er seine Tatenlosigkeit ablehnt: Karl vergnügt sich bei Hoffesten, statt militärisch gegen die Engländer und Burgunder vorzugehen.

■ Fortsetzung der Exposition: Im französischen Lager

2. Auftritt: Zu Karls Passivität kommen seine finanziellen Sorgen. Es stellt sich heraus, dass die Staatskasse leer ist. Das hat auch militärische Auswirkungen: Er ist nicht in der Lage, seinen Soldaten den Sold auszuzahlen, die darum drohen, ihm nicht weiter zu dienen. Dunois appelliert erneut an Karl, um seine Krone zu kämpfen.

■ Finanzielle Nöte und Perspektivlosigkeit

3. Auftritt: Eine Abordnung aus dem belagerten Orleans trifft am Hofe Karls ein, um ihn um militärische Hilfe zu bitten: Die Stadt will sich nach zwölf Tagen ergeben, sollte ihr bis dahin kein französisches Heer zur Hilfe kommen. Während der Unterredung erreicht Karl die Nachricht, dass schottische Söldner sein Heer verlassen wollen, weil ihnen kein Sold gezahlt worden ist. Er verzweifelt: Orleans droht den Feinden in die Hand zu fallen; seine besten Truppen verlassen das Heer.

■ Belagerung von Orleans

4. Auftritt: Agnes Sorel, die Geliebte Karls, bietet ihren Schmuck und ihren Landbesitz, um den ausstehenden Sold bezahlen zu können. Die Angebote der Sorel erinnern ihn an eine alte Weissagung, wonach eine Frau für den Sieg über die Engländer und seine

■ Unterstützung von Agnes Sorel

Krönung in Reims sorgen wird. Karl hat die Hoffnung noch nicht aufgegeben, weil er die Information erhalten hat, dass der Herzog von Burgund sich mit seinen englischen Verbündeten zerstritten hat. So hofft er darauf, den französischen Verwandten wieder als Bundesgenossen gewinnen zu können.

■ Keine Versöhnung mit Burgund

5. Auftritt: Der Bote La Hire setzt Karl davon in Kenntnis, dass das erhoffte Bündnis nicht zustande kommt. Zudem berichtet er, dass das französische Parlament ihn als Thronfolger nicht anerkennt. Selbst die Mutter des Königs, Isabeau, hat sich von ihrem Sohn abgewandt und sich den Engländern angeschlossen. Dem englischen König, der noch ein junges Kind ist, habe sie bei der vom Volk bejubelten Krönungszeremonie in Paris selbst auf den französischen Thron geholfen. Angesichts der aussichtslosen Lage verfällt Karl – trotz der Aufmunterungen durch seine Geliebte – in starke Verzweiflung. Er beschließt, sich über die Loire zurückzuziehen und in den ihm verbliebenen Gebieten sicheren Unterschlupf zu suchen. Um Orleans will er nicht kämpfen, sondern es den Burgundern überlassen. Dunois ist erbost über das Verhalten Karls und will mit den Abgeordneten nach Orleans zurückkehren und dort gegen die Feinde kämpfen. Eine Aussöhnung zwischen Dunois und Karl findet trotz der Bemühungen Sorels nicht statt.

■ Rückzug

6. Auftritt: Du Chatel möchte Karl davon abbringen, den Widerstand gegen die Engländer völlig aufzugeben. Als einzigen Ausweg sieht er eine Versöh-

nung mit dem Herzog von Burgund. Er fordert den König dazu auf, ihn selbst an diesen auszuliefern. Du Chatel ermordete einst den Vater Philipps (V. 2068 f.), was eine Abkehr Burgunds von Karl und das Bündnis mit England zur Folge hatte. Karl nimmt das Selbstopfer nicht an und besteht weiterhin darauf, seinen Hof in Sicherheit zu bringen.

7. Auftritt: Karl versucht, seine Geliebte Agnes Sorel mit der Aussicht auf ein behagliches Leben im Südwesten Frankreichs zu trösten, während diese den Rückzug und den Niedergang Karls bedauert.

■ Erfolg für das französische Heer

8. Auftritt: La Hire bringt die Nachricht, dass sich das Kriegsglück zugunsten der Franzosen gewendet hat.

9. Auftritt: Dunois und Karl versöhnen sich. Der Ritter Raoul schildert in seinem Botenbericht, wie es den französischen Truppen gelungen ist, sich aus einer aussichtslosen Lage zu befreien und den Engländern eine Niederlage beizubringen. Eine »behelmte[]« (V. 955) Jungfrau habe sich an die Spitze der Truppe begeben, die Soldaten zum Kämpfen angespornt und sie als Fahnenträgerin angeführt. Ein Großteil der feindlichen Soldaten sei bei ihrem Anblick erschrocken geflohen und samt Pferden in den Fluss gestürzt, 2000 weitere hätten vor Schreck keinen Widerstand geleistet und seien auf dem Feld gefallen, während die Franzosen keine Verluste hätten hinnehmen müssen. Die wundersame Anführerin habe sich als »Seherin und gott- / [g]esendete Prophetin« (V. 989 f.) bezeichnet und versprochen, »Orleans zu retten« (V. 991). Jo-

■ Wundersame Retterin

hanna wird angekündigt und Karl beschließt, sie auf die Probe zu stellen.

Prüfung

10. Auftritt: Johanna, das »Wundermädchen« (V. 1003), tritt ein und erkennt, dass Dunois auf dem Platz des Königs sitzt. Sie fordert ihn auf, diesen zu räumen und erkennt zum Erstaunen der Anwesenden Karl. Als sie auch imstande ist, kürzliche nächtliche Gebete Karls wiederzugeben, hat sie die Prüfung bestanden und kann Karl davon überzeugen, gottgesandt zu sein. Johanna erläutert ihre Herkunft und Berufung: Sie habe von Kindheit an als Schafhirtin in Dom Remi gelebt, habe vom Einrücken der englischen Truppen gehört und die Mutter Gottes um Hilfe angerufen. Eines Nachts sei die Jungfrau Maria mit Schwert und Fahne zu ihr getreten und habe sie aufgefordert, Frankreichs Feinde zu vernichten und Karl in Reims zum König krönen zu lassen. Allerdings müsse sie eine »reine Jungfrau« (V. 1087) bleiben und auf die Liebe zu einem Mann verzichten (V. 1089). Noch zwei weitere Male sei ihr Maria erschienen und habe schließlich auf »Gehorsam« (V. 1102) bestanden, bevor sie in Gestalt einer Königin von Wolken »in das Land der Wonnen« (V. 1110) getragen worden sei. Schließlich sagt Johanna dem König voraus: »Bezwungen leg ich Frankreich dir zu Füßen!« (V. 1123) Dazu befiehlt sie, ein bestimmtes altes Schwert holen zu lassen und eine weiße Fahne zu besorgen, die Maria mit dem Jesuskind zeigt, so wie es Maria ihr aufgetragen habe.

11. Auftritt: In diesem Augenblick erscheint ein englischer Herold, um Karl eine Botschaft seines Heerfüh-

rers zu überbringen, der ein blutiges Erstürmen Orleans vermeiden und sich darum mit Karl einig werden will. Johanna erbittet sich von Karl das Wort und tritt erneut als Hellseherin in Erscheinung: Sie informiert den Herold darüber, dass sein Auftraggeber, der englische Heerführer, erschossen wurde, nachdem der Herold zum französischen Lager aufgebrochen war. Zugleich kündigt sie den französischen Sieg über das englische Heer an.

2. Aufzug

Die weiter steigende Handlung

1. Auftritt: Im englischen Lager streiten sich Talbot, Lionel und der Herzog von Burgund über die Ursachen der Niederlage, die sie in Orleans erfahren haben. Als Burgund behauptet, von teuflischen Kräften besiegt worden zu sein, wirft Talbot ihm und seinen Soldaten Feigheit vor: Diese seien zuerst vor Johanna geflohen; den Glauben an den Teufel hält er für eine »Narrheit« (V. 1247). Lionel schließt sich der Einschätzung seines Feldherrn an und behauptet, ohne die verängstigten Burgunder hätten die englischen Soldaten siegen können. Burgund hält ihnen entgegen, dass sie ohne seine Hilfe gar nicht nach Frankreich hätten vordringen können und dass sich Orleans ihm friedlich übergeben hätte, hätten die Engländer sich nicht eingemischt. Wegen der Undankbarkeit der beiden englischen Heerführer ist Burgund bereit, sich wieder Karl anzuschließen.

2. Auftritt: Isabeau vermittelt zwischen den streitenden Parteien. Es gelingt ihr, sie wieder zu versöh-

nen (nach V. 1367). Lionel weist Isabeaus Versuch zurück, sich an die Spitze des englischen Heeres zu stellen. Es deuten sich die Motive Isabeaus für ihre Hinwendung zu den Engländern an: Sie will sich an ihrem Sohn Karl rächen, der sie wegen ihres unsittlichen Verhaltens in die »Verbannung« (V. 1406) schickte. Die drei Männer einigen sich darauf, Isabeau nicht in die weitere kriegerische Auseinandersetzung einzubeziehen, was diese veranlasst, sich nach Melun (südöstlich von Paris an der Seine gelegen) zurückzuziehen. Sie will Lionel »zur Kurzweil und Gesellschaft« (V. 1454) dorthin mitnehmen; dieser verspricht, ihr stattdessen die »schönsten [erbeuteten] Frankenknaben« (V. 1457) zuzuführen.

■ Isabeaus Rache

3. Auftritt: Die drei Verbündeten beraten über das weitere Vorgehen und kommen überein, im Morgengrauen des nächsten Tages das französische Heer erneut anzugreifen. Sie glauben fest daran, es dieses Mal vernichtend schlagen zu können. Lionel und Talbot lassen ihrer Phantasie freien Lauf, was die Gefangennahme Johannas betrifft: Während Lionel Johanna lebendig fassen und »[z]ur Lust des Heers« (V. 1491) ins englische Lager bringen will, deutet Talbot an, dass ihm nicht an Johannas Überleben gelegen ist.

■ Bringt ein neuer Angriff den Sieg?

4. Auftritt: Bevor die Engländer und ihr Verbündeter losschlagen können, hat sich Johanna mit ihren Truppen ins englische Lager geschlichen, wo sie Entsetzen auslöst. Ohne Mitleid befiehlt sie den Soldaten, die Zelte der Engländer in Brand zu stecken. Du-

■ Johannas Überraschungscoup

nois und La Hire wollen Johanna davon abhalten, selbst mit dem Schwert am Kampf teilzunehmen. Doch Johanna weist ihren Wunsch entschieden zurück. Sie werde vom »Geist« (V. 1516) geführt und müsse ihren göttlichen Auftrag erfüllen. Dunois und La Hire beschließen, Johanna zu beschützen.

5. Auftritt: Talbot ist darüber wütend, dass die englischen Soldaten fliehen. Als ein Soldat ihn warnen will, stößt er ihn zornig nieder.

6. Auftritt: Der englische Soldat Montgomery analysiert seine Situation. Sein Lager steht in Flammen; auf der einen Seite verhindern die französischen Truppen das Entkommen, auf der anderen Talbot, der seine Soldaten von der Flucht abhalten will. Als ihm Johanna entgegentritt, beschließt Montgomery, sie um Schonung zu bitten.

■ Montgomerys Plan

7. Auftritt: Indem er Johanna ohne Waffen und Schutz entgegentritt und ihr ein Lösegeld verspricht, glaubt er, sie erweichen zu können. Diese jedoch weist ihn darauf hin, dass er kein Mitleid zu erwarten habe und eine Begegnung mit ihr tödlich sei (V. 1597 f.). Sie rechtfertigt ihre Grausamkeit mit dem Hinweis auf ihre göttlichen Pflichten. Auf Montgomerys Versuch, an die »Milde [ihr]es zärtlichen Geschlechts« (V. 1606) zu appellieren, entgegnet Johanna, dass sie sich zu keinem Geschlecht gehörig fühle. Daraufhin versucht Montgomery, Johanna durch einen Hinweis auf die Liebe zu seiner Verlobten zu erweichen, die in England auf ihn warte. Johanna, die eine solche Liebe selbst nicht erlebt hat, kann er da-

■ Johannas Mitleidlosigkeit

mit nicht rühren. Die von Montgomery zuletzt angeführte Trauer der Eltern lässt sie angesichts der vielen Toten, die französische Familienangehörige in der Folge des Krieges zu verschmerzen haben, als Grund für Nachsicht nicht gelten, und fordert Montgomery zum Kampf auf. Sie sagt voraus, selbst einmal umzukommen, zuvor jedoch ihren göttlichen Auftrag zu erfüllen, den sie gleichsam als Zwang erlebt (»ich muss – mich treibt die Götterstimme, nicht / [e]ignes Gelüsten« (V. 1660 f.). Nach einem kurzen Gefecht stirbt Montgomery durch Johannas Hand.

8. Auftritt: In einem kurzen Monolog bedankt sich Johanna bei Maria, dass sie ihr die Kraft verliehen habe, jemanden zu töten. Das Schwert kämpfe gleichsam autonom, ohne ihr Zutun.

Johanna und der Herzog von Burgund

9. Auftritt: Ein Ritter mit geschlossenem Visier tritt Johanna entgegen und fordert sie auf, sich zu verteidigen. Sie erkennt ihn als den Herzog von Burgund; er gibt sich siegesgewiss.

10. Auftritt: Dunois und La Hire stellen sich schützend vor Johanna; Burgund ist bereit, gegen sie anzutreten. Johanna tritt zwischen die beiden Parteien und fordert sie auf, den Kampf zu beenden. Sie wendet sich an Burgund und will ihn zur Versöhnung überreden, indem sie ihn an seine eigene Zugehörigkeit zum französischen Volk erinnert und die Gerechtigkeit des französischen Kampfes »ums Vaterland« (V. 1783) hervorkehrt. Als »Gottgesandte« (V. 1764) laute ihr Ziel: »Frieden stiften, Hass / [v]ersöhnen« (V. 1779). Hält

Burgund Johanna anfangs für arglistig und will rasch zum Kampf zurückkehren, um ihren Überredungskünsten nicht zu erliegen, überzeugen ihre Worte ihn schließlich davon, dass sie nach göttlichem Willen handelt. Johanna eilt zu ihm und »umschlingt ihn mit leidenschaftlichem Ungestüm« (nach V. 1811) – der Versöhnung Burgunds mit Karl ist der Weg geebnet.

3. Aufzug

1. Auftritt: Sowohl Dunois als auch La Hire wollen um die Hand Johannas anhalten.

■ Zwei Bewerber

2. Auftritt: Burgund ist bereit, sich mit Karl zu versöhnen. Allerdings lässt er ihm mitteilen, dass die Rückkehr zu Karl an Bedingungen geknüpft ist: Es sollen alle burgundischen Soldaten sowie Königin Isabeau in die Versöhnung eingeschlossen sein und Du Chatel soll beim Versöhnungsakt nicht anwesend sein. Karl akzeptiert alle Forderungen, so dass einer Wiederannäherung der beiden nichts mehr im Wege steht.

3. Auftritt: Nach dem Austausch einiger Freundlichkeiten fallen sich Karl und Burgund in die Arme. Burgund bedauert, Karl verzeiht ihm sein zeitweiliges Bündnis mit den Engländern. Der Erzbischof sagt Frankreich nach der Versöhnung Karls mit Burgund eine friedliche Zukunft voraus, hält den Anwesenden jedoch die fatalen Folgen ihres Konflikts vor Augen.

■ Versöhnung Karls mit Burgund

4. Auftritt: Johanna stößt, in Rüstung und bekränzt, zur Gesellschaft der Versöhnungszeremonie.

Sie vermittelt im Konflikt zwischen Burgund und Du Chatel. Ohne die Erlaubnis Burgunds abzuwarten, bittet sie Du Chatel hinzu und redet so lange auf Burgund ein, bis dieser nachgibt und dem Mörder seines Vaters verzeiht. Der König weiß um die Verdienste Johannas für sein Reich, so dass er sie belohnen will. Johanna bittet aber um keinen materiellen Lohn, sondern trägt Karl auf, sich um das Wohl seines Landes und seiner Untertanen zu sorgen. Danach skizziert sie hellseherisch die glorreiche Zukunft des Königs und den nur kurz währenden Einfluss des Hauses Burgund und mahnt vor Zwietracht unter den Herrschenden des Landes. Nachdem Karl Johanna in den Adelsstand erhoben hat, äußern sowohl Dunois als auch La Hire den Wunsch, sie zu heiraten. Karl findet, dass beide geeignete Ehepartner für Johanna sind, und überlässt daher ihr die Entscheidung. Sorel will verhindern, dass Johanna zu sehr unter Druck gesetzt wird, und rät deshalb, dass die beiden Frauen sich zunächst besprechen. Johanna hingegen erklärt, sie benötige keine Bedenkzeit, sondern sei zur »die Kriegerin des höchsten Gottes« (V. 2203) berufen worden, die ihren Auftrag nur als »reine Jungfrau« (V. 2202) erfüllen könne und ehelos bleiben müsse (V. 2204). Der Erzbischof erinnert an die Pflicht der Frau gegenüber Gott, einen Mann zu lieben –, und prophezeit, dass Johanna nach Erfüllung des kriegerischen Auftrags ihren ›weiblichen Verpflichtungen‹ gerecht werden wird. Karls Spekulation, dass sie nach dem Sieg über England »sanftere Gefühle« (V. 2238 f.) erleben

Johanna blickt in die Zukunft

wird, empört Johanna. Sie wirft ihm vor, das göttliche Wunder, das sie darstelle, herabzuwürdigen. Sie drängt den König, den Kampf gegen die Engländer umgehend fortzusetzen, damit sie ihren Auftrag vollende (V. 2269).

5. Auftritt: Ein Ritter berichtet, dass sich die Engländer zum Kampf formieren. Johanna nimmt die Information mit Begeisterung auf und stürzt hinaus.

6. Auftritt: Talbot ist so schwer verletzt worden, dass er sterben wird. Vor seinem Tod erfährt er von Lionel, dass das Pariser Volk sich von England abgewendet hat und nun zu Karl hält und die englischen Soldaten vor den von Johanna angeführten französischen Truppen fliehen. Die Schlacht ist verloren. Talbot denkt noch einmal über sein Leben nach und bedauert, dass er in der Schlacht nicht einem tapferen Gegner zum Opfer gefallen, sondern dem »groben Gaukelspiel« (V. 2336) Johannas erlegen sei, und dass von ihm als ruhmreichem Kämpfer nichts übrigbleiben wird.

■ Weitere Niederlage für das englische Heer

7. Auftritt: Karl und seine Anhänger entdecken nach der siegreichen Schlacht den verwundeten Talbot, der verstirbt. Karl will dem heldenhaften Kämpfer ein angemessenes Begräbnis bereiten und ein Denkmal errichten lassen. Fastolf will sich dem König als Gefangener ergeben; dieser gibt ihm sein Schwert zurück und lässt ihn frei.

8. Auftritt: Dunois und La Hire haben Johanna aus den Augen verloren. Zusammen mit Burgund machen sie sich auf die Suche nach ihr.

Realität oder Vision? Der schwarze Ritter

9. Auftritt: Ein schwarzer Ritter, der sich nicht zu erkennen gibt, hat Johanna vom Schlachtfeld weggelockt. Als sie ihn töten will, verkündet er, dass er nicht durch ihre Hand sterben wird. Seine Warnung, sie solle keinen Kampf mehr führen, beantwortet Johanna mit der Versicherung, dass sie ihr Werk zu Ende führen und ihr Gelübde einhalten wird (V. 2428). Der schwarze Ritter warnt sie zudem, der Krönungszeremonie für Karl nicht beizuwohnen. Als Johanna erfahren will, wer sich hinter der schwarzen Rüstung verbirgt, und zum tödlichen Stoß ansetzt, lähmt ihr Gegenüber sie mit einer Berührung. Seine Worte »Töte, was sterblich ist!« (V. 2445) deuten auf eine übernatürliche Erscheinung hin. Schließlich versinkt er, von »Nacht, Blitz und Donnerschlag« (nach V. 2445) begleitet, im Boden. Johanna erklärt sich das Wahrgenommene als Einbildung, als »trüglich Bild« (V. 2446). Sie gibt sich trotz aufkommender Zweifel zuversichtlich, dass das Schwert ihres Gottes zur siegreichen Vollendung ihres göttlichen Auftrags beitragen wird (V. 2450). Die Szene bezeichnet den Beginn ihrer Krise.

Johanna bricht ihr Gelübde: Liebe zu Lionel?

10. Auftritt: Als sie den Schauplatz verlassen will, tritt ihr Lionel entgegen. Nach einem kurzen Gefecht entwaffnet sie ihn. Sie ist zunächst bereit, ihn zu töten: »Die heil'ge Jungfrau opfert dich durch mich!« (V. 2465) Nachdem sie ihm ins Gesicht gesehen hat, lässt sie jedoch von ihrem Vorhaben ab und fordert Lionel auf zu fliehen. Dieser weigert sich, Johannas »Geschenk« (V. 2473) anzunehmen. Johanna ist verzweifelt, da sie ihr Gelübde gebrochen hat (V. 2482 f.).

Lionel ist von ihr angetan, verspürt Mitleid mit ihr und bietet ihr an, sie zu retten, was Johanna ebenso wie ein Wiedersehen entschieden ablehnt. Da Burgund sich nähert, drängt sie Lionel, sich in Sicherheit zu bringen und gesteht ihm ihre Zuneigung. Lionel entreißt ihr das Schwert als Gewähr für ein Wiedersehen und flieht.

11. Auftritt: Dunois und La Hire finden Johanna, die schwankt und bleich ist. Sie vermuten erst eine schwere Verletzung, doch Johanna blutet nur aus einer leichten Wunde. Johanna wünscht sich zu sterben, bevor sie ohnmächtig in La Hires Arme sinkt (nach V. 2517).

4. Aufzug

1. Auftritt: Die Bevölkerung der Stadt Reims bereitet sich auf die Krönungsfeierlichkeiten vor. Nur Johanna grübelt über die jüngsten Ereignisse nach. Obwohl sie ihren Auftrag zumindest teilweise erfüllt hat, ist sie tief verunsichert und von einem Schuldgefühl geplagt. Ihr »Herz« (V. 2536, 2544) schlägt für Lionel, den sie als »[d]es höchsten Gottes Kriegerin« (V. 2547) nicht lieben darf, sondern hätte töten müssen. Ihr wird klar, dass sie nicht aus Mitleid gehandelt hat und ihre Scheu, Lionel zu töten, damit noch weniger entschuldbar ist, und beklagt, dass Maria sie zur Retterin Frankreichs bestimmte.

■ Johannas Verunsicherung

2. Auftritt: Agnes Sorel lässt sich vor Johanna ehrerbietig niederfallen, bevor sie ihr von den Vorberei-

Abb. 2: *Jeanne d'Arc bei der Krönung Karls VII. in der Kathedrale von Reims* (1854). Gemälde von Jean-Auguste-Dominique Ingres

tungen der Krönungszeremonie berichtet. Die Geliebte des Königs beklagt, dass Johanna sich nicht wie die anderen über den Sieg und die Krönung freuen kann, und vermutet, dass sie kein »irdisch Glück« (V. 2634), keine menschliche Liebe, fühlen kann. Als Sorel ihre Freude angesichts der Krönung ihres Geliebten zum Ausdruck bringt, zeigt Johanna, dass sie Sorels Liebe sehr wohl nachvollziehen kann. Schließlich wendet sich Johanna heftig von Sorel ab, ohne ihr zu entdecken, warum sie unglücklich ist und unter Selbsthass leidet, der sie dazu veranlasst, sich als »Verräterin« (V. 2713) zu bezeichnen.

3. Auftritt: Als Dunois, Du Chatel und La Hire im Auftrag Karls versuchen, Johanna als Fahnenträgerin für die Krönungszeremonie zu gewinnen, gerät diese erneut in Panik. Sie glaubt, die auf ihrer Fahne abgebildete Maria richte zornige Blicke auf sie und wolle sie bestrafen, und sie deutet eine eigene Schuld an (V. 2745). Die Offiziere sind durch die Einlassungen verwirrt – Du Chatel meint, die Ursache für Johannas Betragen zu erahnen, wagt es aber nicht, sie zu äußern. Es gelingt ihnen, Johanna die Fahne aufzudrängen (nach V. 1761).

Johannas Familie in Reims

4./5. Auftritt: Bertrand sowie Johannes Schwestern und deren Ehemänner haben sich erwartungsvoll unter die Zuschauenden der Krönungsprozession gemischt.

6. Auftritt: In einer langen Regieanweisung wird die Krönungsprozession beschrieben. Johannas »gesenkte[s] Haupt« und ihre »ungewissen Schritte[]«

(nach V. 2794) deuten an, dass sie nach wie vor von Schuldgefühlen geplagt wird.

7. Auftritt: Nachdem der Zug die Kathedrale erreicht hat, kommentieren die Familienmitglieder Johannas und Bertrand ihr Aussehen und Auftreten. Louison ist besorgt und fühlt sich ihr fremd. Sie will umkehren, doch die anderen überreden sie, Johanna zu begrüßen.

8. Auftritt: Auch Thibaut und Raimond sind in Reims und haben Johannas verstörte Erscheinung beobachtet. Thibaut hat sich vorgenommen, seine Tochter zu »retten« (V. 2838) und sie notfalls mit Gewalt auf den rechten Weg zurückzuführen (V. 2840–43). Er ist sogar dazu bereit, dafür Johannas Tod in Kauf zu nehmen: »Lebt ihre Seele nur, ihr Leib mag sterben.« (V. 2845) Raimond fürchtet, dass der Rettungsversuch Thibauts Johanna »ins Verderben« (V. 2844) führen wird, und versucht ihn deshalb von seinem Vorhaben abzubringen. Johanna stürzt ohne Fahne aus der Kathedrale; Thibaut deutet dies als Zeichen ihrer Angst vor dem »göttliche[n] Gericht« (V. 2848). Raimond sagt sich von ihm los.

9. Auftritt: Johanna blickt auf ihre furchterregenden Eindrücke in der Kirche zurück. Die Fahne hat sie zurückgelassen und will sie »nie […] mehr berühren« (V. 2859). Ihre Schwestern stoßen zu ihr. In ihrer Unterhaltung wird deutlich, dass Thibaut und die Schwestern unabhängig voneinander nach Reims gereist sind. Louison und Margot haben dem Vater, der über Johannas Fortgang schwermütig geworden sei, das

Wiedersehen verheimlichen wollen. Johanna möchte gern mit ihrer Familie nach Dom Remi, in ihr »Paradies« (V. 2898), zurückkehren, wo sie nicht von ihrer Umgebung verehrt wird und für ihr »eit[les]« (V. 2938) Betragen büßen möchte.

10. Auftritt: Inzwischen ist die Zeremonie beendet worden, und der König zeigt sich seinem Volk. Dabei würdigt er auch die Verdienste Johannas im Kampf gegen die englischen Besatzer. Dann entdeckt Johanna ihren Vater unter den Zuschauenden.

■ Thibauts Anschuldigungen

11. Auftritt: Ohne Umschweife klagt Thibaut seine Tochter an, ein Bündnis mit dem Teufel geschlossen und den König und das Volk getäuscht zu haben (V. 2976). Obwohl Johanna mehrfach dazu aufgefordert wird (V. 2984–3029), wehrt sie sich nicht gegen die Anschuldigungen, sondern schweigt, was auch die ihr zunächst wohlgesinnten Anhänger des Königs erschreckt und an ihrer Unschuld zweifeln lässt. Als dann auch noch mehrfach heftige Donnerschläge ertönen, fliehen die Umstehenden, und die Anhänger des Königs entfernen sich mit Ausnahme Dunois'.

12. Auftritt: Dunois äußert die Vermutung, dass Johanna aus Zorn über die entsetzliche Anschuldigung schweigen könnte, und erbittet sich von ihr ein Zeichen ihrer Unschuld. Als sie sich stattdessen zuckend von ihm abwendet, ist auch sein Vertrauen in sie vorübergehend zerstört.

■ Johannas Verbannung

13. Auftritt: Du Chatel kehrt noch einmal zu Johanna zurück, um ihr zu verkünden, dass der König sie verbannt habe. Sie bleibt allein zurück, bis Raimond

erscheint, um sie fortzuführen. Erst jetzt fällt die Erstarrung von ihr ab und sie geht mit ihm fort (nach V. 3049).

5. Aufzug

Neue militärische Auseinandersetzungen

1. Auftritt: In einem Wald unterhält sich ein Köhlerpaar über die neuesten politischen Entwicklungen: Nachdem Johanna öffentlich zur »Hexe« (V. 3070) erklärt worden ist und dem französischen Heer keine Unterstützung mehr leistet, hoffen die Engländer, den Krieg endlich zu ihren Gunsten entscheiden zu können.

2. Auftritt: Raimond und Johanna befinden sich auf der Flucht und suchen Schutz vor dem Unwetter. Vorübergehend bietet ihnen das Köhlerpaar Unterschlupf. Der Köhler warnt die beiden, dass sie sich in der Nähe des englischen Heeres befinden.

3. Auftritt: Als der Sohn des Köhlerpaars zurückkehrt, identifiziert er Johanna als »die Hexe / [v]on Orleans« (V. 3108 f.) und flieht mit seinen Eltern.

4. Auftritt: Johanna drängt Raimond, sie allein zurückzulassen und sich selbst in Sicherheit zu bringen. Raimond weist ihren Wunsch zurück und rät ihr, sich mit Gott zu versöhnen (V. 3133). Johanna reagiert enttäuscht darauf, dass auch Raimond davon ausgeht, es handele sich bei ihr um eine sündige »Zauberin« (V. 3140). Es gelingt ihr, ihn von ihrer Unschuld zu überzeugen. Sie erklärt ihm, dass sie gegen die Vorwürfe geschwiegen habe, da sie sie für eine göttliche

Prüfung hält (V. 3147 f., 3156). Ihre Ausführungen erstaunen Raimond, der nunmehr erleichtert an ihre Unschuld glaubt (V. 3159–62). Johanna hat auf der Flucht zu ihrem inneren Frieden zurückgefunden (V. 3178) und ist sicher, dass sich die Gründe für ihre verwirrte Abkehr vom göttlichen Auftrag aufklären werden und sie mit göttlicher Unterstützung in absehbarer Zeit rehabilitiert werden wird (V. 3185–87).

■ Johanna gewinnt Selbstsicherheit zurück

5. Auftritt: Isabeau überrascht Raimond und Johanna. Johanna lässt sich widerstandslos gefangen nehmen, während Raimond zu entkommen vermag. Sie wird in Ketten gelegt, wobei sie Isabeau darüber aufklärt, dass der König sie verbannt habe. Isabeau will ihre Feindin zu Lionel bringen lassen, woraufhin Johanna Isabeau bittet, sie an Ort und Stelle zu töten.

■ Isabeau nimmt Johanna gefangen

6. Auftritt: Erfolglos bittet Johanna die englischen Soldaten, die sie zu Lionel begleiten sollen, sie zu töten.

7. Auftritt: Dunois will nicht weiter gegen die Engländer kämpfen. Er ist zu der Einsicht gelangt, dass mit Johanna keine Hexe, sondern eine »Retterin« (V. 3254) verbannt wurde. Der Erzbischof gibt zu, dass Johanna wohl zu Unrecht verbannt wurde und der König die Entscheidung inzwischen bereue.

■ Reue über Johannas Verbannung

8. Auftritt: Raimond hat sich bis ins französische Lager durchgeschlagen. Er beteuert, dass Johanna unschuldig sei, berichtet von ihrer englischen Gefangenschaft und fordert von Dunois, dass sie befreit werden müsse. Dunois ruft dazu auf, sie noch am selben Tag zu befreien.

9. Auftritt: Johanna ist auf einem Wartturm gefangen. Fastolf und Isabeau fordern, sie zu töten, um das wütende Volk zu besänftigen. Lionel will Johanna schonen und versucht, sie dazu zu überreden, seine Frau zu werden. Johanna lehnt das Angebot ab: Die Liebe zu Lionel scheint gänzlich erloschen; sie betrachtet ihn als Feind und rät ihm, das Land mit seinem Heer zu verlassen. Isabeau ist empört, dass eine Gefangene Anweisungen zu erteilen versucht. Johanna glaubt unbeirrt daran, dass das französische Heer die Engländer in absehbarer Zeit vertreiben wird.

Johanna hält treu zu Frankreich

10. Auftritt: Ein englischer Offizier berichtet, dass die Franzosen angreifen, was Johanna in Begeisterung versetzt (nach V. 3371). Sie ist vom Sieg Frankreichs überzeugt, Lionel hingegen von dem Englands. Mit Fastolf will er sich den Franzosen stellen, während Isabeau mit fünfzig Rittern die Gefangene bewachen soll. Die Königin besteht darauf, Johanna in schwere Ketten zu legen, damit sich deren Wunsch nach Befreiung nicht erfüllen kann. Für den Fall, dass das englische Heer eine Niederlage gegen Frankreich erleben wird, will Isabeau Johanna mit einem Dolch töten.

11. Auftritt: Die Gefangene feuert die französischen Soldaten aus dem Gefängnis heraus an. Auf Isabeaus Befehl hin verfolgt ein Soldat vom Turm aus den Verlauf der Schlacht, die ihm zufolge hin und her tobt. Als Fastolf zu fallen droht, geht Isabeau mit dem Dolch auf Johanna zu. Jedoch gelingt es dem englischen Feldherrn, das Blatt zu wenden und seinem

Heer Vorteile zu verschaffen. Die Franzosen müssen zurückweichen, wobei Dunois schwer verwundet wird. Johanna hat den Bericht mit zunehmender Verzweiflung verfolgt und betet, dass Gott ihre Ketten löse. Als sie hört, dass sich Karl in den Händen der Engländer befindet, zerreißt sie mit aller Kraft ihre Ketten, und sie eilt mit dem Schwert eines ihrer Bewacher hinaus.

Johanna greift in den Kampf ein

12. Auftritt: Sie hat kaum das Schlachtfeld erreicht, als es ihr gelingt, das Blatt zu wenden. Die Franzosen weichen nicht mehr zurück, sie kann sogar den König befreien. Nunmehr gerät der englische Heerführer Fastolf in die Hände der Franzosen. Isabeau zeigt sich kämpferisch, als die französischen Soldaten auf den Wartturm zustürmen.

13. Auftritt: La Hire setzt Isabeau und ihre Gefolgsleute fest.

Späte Rehabilitierung

14. Auftritt: Johanna ist tödlich verletzt worden. Mit letzter Kraft richtet sie sich noch einmal auf, um sich von jeglichem Verdacht reinzuwaschen: »Nein, ich bin keine Zauberin!« (V. 3522) Aus dem Munde des Königs erfährt sie, dass sie rehabilitiert ist. Sichtlich bewegt bittet sie um ihre Fahne, um damit nach ihrem Tod vor den Thron Gottes treten zu können. Kurz vor ihrem Tod wird sie von der Vision beherrscht, dass Maria sie zu sich in den Himmel holt.

Die Katastrophe: Johannas Tod

Der toten Johanna entfällt die Fahne und sie sinkt auf ihr zusammen; auf Wink des Königs wird sie mit den Fahnen der französischen Truppen bedeckt (nach V. 3544).

3. Figuren

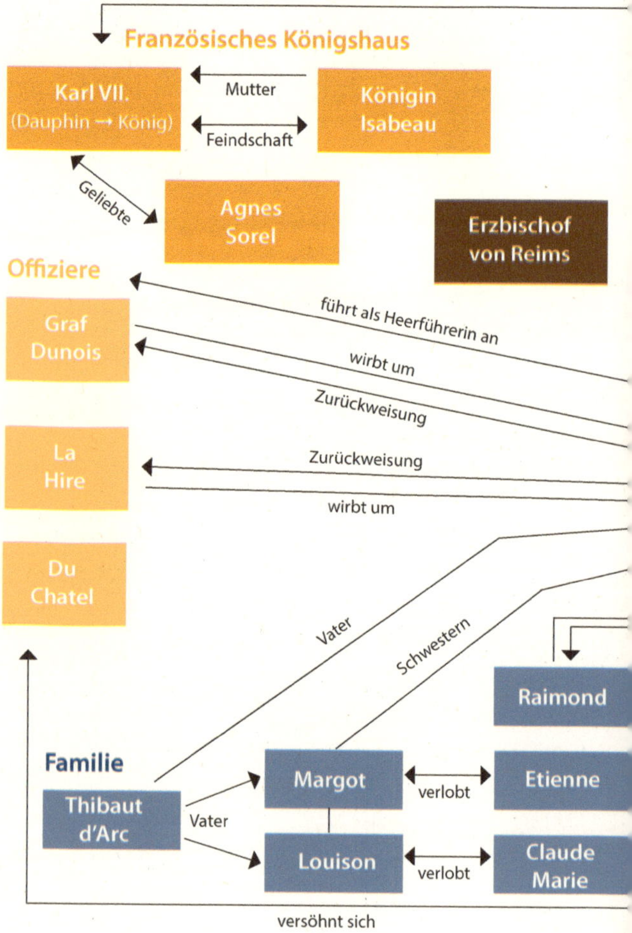

Abb. 3: Figurenkonstellation

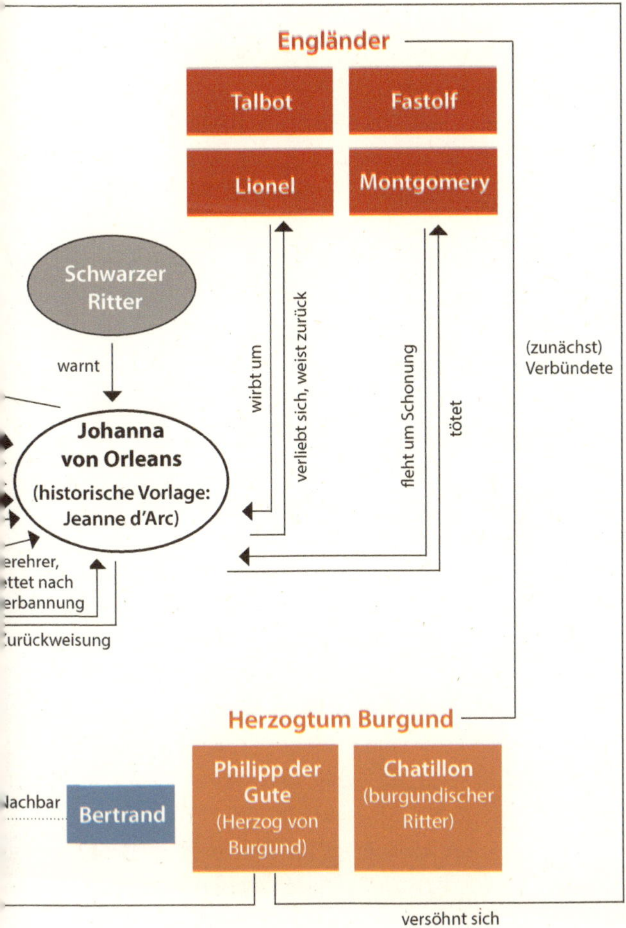
Engländer
Talbot
Fastolf
Lionel
Montgomery
Schwarzer Ritter
warnt
wirbt um
verliebt sich, weist zurück
fleht um Schonung
tötet
(zunächst) Verbündete
Johanna von Orleans
(historische Vorlage: Jeanne d'Arc)
erehrer,
ttet nach
erbannung
urückweisung
Herzogtum Burgund
Philipp der Gute
(Herzog von Burgund)
Chatillon
(burgundischer Ritter)
achbar
Bertrand
versöhnt sich

Johanna von Orleans

Johanna ist die jüngste von drei Töchtern des reichen Landmannes Thibaut d'Arc. Die Familie lebt in Dom Remi im Norden Frankreichs. Johanna ist eine junge Frau und hütet seit Jahren eine Schafherde ihres Vaters. Sie ist zwar christlich erzogen worden, aber sie kennt auch die heidnischen Geschichten, die man sich im Dorf erzählt.

■ Schafhirtin

Der Vater würde sie gerne mit ihrem Verehrer Raimond verheiraten, was sie aber ablehnt. Für Liebesbeziehungen scheint sie sich nicht zu interessieren (V. 53 f.). Vom verständnisvollen Raimond erfahren wir, dass sie anders ist als ihre Schwestern und die meisten anderen jungen Frauen. Er attestiert ihr, tugendhaft (V. 133), hochbegabt (V. 136), gehorsam (V. 138) und geschickt in der Landwirtschaft (V. 139–142) zu sein. Darüber hinaus ist sie nach Aussagen Raimonds außerordentlich mutig und selbstbewusst. Sie hat im Kampf mit einem Wolf einem Lamm das Leben gerettet, so dass er sie als »löwenherz'ge Jungfrau« (V. 200) mit einem »männlich Herz« (V. 196) bezeichnet.

■ Kein Interesse an Heirat

■ Intelligent, mutig

Thibaut hingegen sorgt sich um die Andersartigkeit seiner Tochter, die eigenbrötlerisch »der Schwestern fröhliche Gemeinschaft« (V. 81) meidet und nachts gern einsam unter einer alten, geisterhaften Eiche sitzt. In Träumen sieht er sie auf dem Königsthron sitzen und deutet dies als Zeichen ihres Hochmuts.

■ Eigenbrötlerin

Johannas Patriotismus wird deutlich, als Bertrand von einem Ritter, Baudricour, berichtet, der sich mit

■ Patriotin

Abb. 4: Statue von Jeanne d'Arc des französischen Bildhauers Prosper d'Épinay in der Kathedrale Notre-Dame de Reims (1900) – © François Guénet / akg-images

einem kleinen Heer den Engländern in den Weg stellen will. Johanna reagiert begeistert auf die Nachricht eines militärischen Kampfes gegen England. Sie rühmt die Schönheit des »Vaterland[es]« (V. 317) sowie das Ansehen, das Frankreich durch bedeutende Ereignisse und Personen zukommt (V. 332–340), und erachtet es als das Land, das »Gott liebt, wie den Apfel seines Auges« (V. 335). Darum, so sagt sie voraus, werde Gott eine »zarte Jungfrau« (V. 326) zur militärischen Rettung des Landes bestimmen. Dass sie selbst diesen göttlichen Auftrag erhalten haben will, der an die Vorschrift zum Verzicht auf ein konventionelles Leben in Ehe und mit Kindern geknüpft ist, wird im nachfolgenden Monolog deutlich (V. 409–416). Sie zeigt ihre Entschlossenheit und ihr Selbstvertrauen, diesen Auftrag erfüllen zu können, indem sie erklärt: »Ins Kriegsgewühl hinein will es mich reißen, / Es treibt mich fort mit Sturmes Ungestüm« (V. 429 f.).

Göttlicher Auftrag

Dem König gegenüber erläutert Johanna, sie habe ihre Furcht davor, dass die Engländer das französische Volk verknechten und ihm einen fremden Herrscher aufzwingen wollen, schon seit geraumer Zeit entwickelt, da sie in ihrem Heimatdorf »viel und oft« (V. 1052) über den englischen Einmarsch gehört habe. Sie habe sich an die heilige Maria gewandt und um ihre Hilfe gebeten, das französische Volk vor diesem Schicksal zu bewahren. Daraufhin sei die Heilige ihr drei Nächte hintereinander erschienen, habe ihr im Namen Gottes den Auftrag erteilt und schließlich Gehorsam eingefordert (V. 1102 f.).

Johanna führt ihren Kampf gegen das englische Heer bis zu ihrer Begegnung mit dem schwarzen Ritter mit großem Enthusiasmus und Leidenschaft. Als sie sich von ihrer Heimat verabschiedet, fühlt sie sich »durchflammt« (V. 428) von Mut. Um ihren Auftrag zu erfüllen, hält sie sich streng an die göttlichen Auflagen. Sie weist Heiratsanträge zurück (V. 2196–2204). Selbstbestimmt und im Vertrauen auf die göttliche Unterstützung verkündet sie, dass sie nicht früher aufgeben wird, »[b]is ich vollendet, was mir Gott geheißen« (V. 1523).

■ Johannas Gehorsam

Wie kaltherzig und mitleidlos sie im Kampf agiert, wird deutlich, als sie sich auf Montgomerys Flehen, ihn zu verschonen, nicht einlässt und ihn tötet (nach V. 1675). Montgomery gelingt es auch nicht, Johannas Gefühlskälte zu überwinden, als er auf die Liebe zu seiner Verlobten hinweist (V. 1614–19) – eine Liebe, die Johanna selbst nie erlebt hat (V. 1621 f.). Johanna rechtfertigt die Tötung ihres Gegenübers, indem sie auf ihre göttliche Verpflichtung, »[d]en Tod [zu] verbreiten« (V. 1663), verweist.

■ Gefühlskälte

Ihre brutale Art empfindet sie bisweilen als Zwang (»ich muss – mich treibt die Götterstimme, nicht / Eignes Gelüsten«, V. 1660 f.); im Kampf scheint es ihr, als agiere sie nicht aus eigenem Willen, sondern als bewege sich ihr Schwert eigenständig (»Und nimmer irrend in der zitternden Hand regiert / Das Schwert sich selbst, als wär es ein lebend'ger Geist«, V. 1685).

■ Göttlicher Zwang

In ihrem Drang zu kämpfen und ihrer Mitleidlosigkeit entspricht Johanna nicht dem Frauenbild der üb-

Widerspricht weiblichem Rollenbild

rigen Figuren: Sie ist nicht friedlich, zurückhaltend und mitfühlend, wie es von ihr erwartet wird. Johanna selbst ist sich bewusst, dass sie der gängigen Geschlechterrolle nicht entspricht: Sie erklärt, sie gehöre keinem Geschlecht an (V. 1608–11). Für eine ausführliche Analyse des Verhältnisses Johannas zu Geschlechterrollen, siehe das Kapitel 6: »Interpretationsansätze« dieses Lektüreschlüssels, S. 91–98.

Kurz vor dem siegreichen Ende des Kampfes gegen die Engländer warnt ein unbekannter schwarzer Ritter Johanna eindringlich vor der Fortsetzung ihres Kampfes und der Teilnahme an der Krönungszeremonie. Aber Johanna ist nach wie vor überzeugt, ihren Auftrag zu Ende führen zu müssen. Nur wenig später jedoch kommen ihr kurzfristig Zweifel an ihrem Tun: Obwohl sie den englischen Heerführer Lionel bereits entwaffnet hat und in der Lage ist, ihn mit ihrem Schwert zu töten, bricht sie ihr Vorhaben plötzlich ab. Bei einem Blick in sein Gesicht hat sie sich in ihn verliebt. Ihre Gefühle sind so stark, dass sie ihr Gelübde bricht. Dies hat enorme Folgen für Johannas Denken und Handeln. Es quälen sie Selbstzweifel: »Mich rührt es nicht das allgemeine Glück, / Mir ist Herz verwandelt und gewendet« (V. 2535 f.). »Gottes Kriegerin« (V. 2547) ist tief erschüttert , muss sie doch eingestehen, dass sie in der Auseinandersetzung mit Lionel nicht in der Lage war, den göttlichen Auftrag als »blindes Werkzeug« (V. 2578) aufzuführen, sondern dass eigene Gefühle ihr Handeln leiteten. Diese Erkenntnis ruft tiefe Schuldgefühle gegenüber der Mut-

Pflicht und Neigung

ter Gottes in ihr hervor (V. 2745 f.) und bewirkt, dass sie wünscht, nie von dieser mit dem göttlichen Auftrag betraut worden zu sein (V. 2584–87). Ihre Verstörung reicht sogar so weit, dass sie dem König bei den Krönungsfeierlichkeiten in Reims nur widerwillig die Fahne voranträgt (nach V. 2761) und die Zeremonie vorzeitig verlässt (nach V. 2845).

Krise: Schuldgefühle und Zweifel

Bei der Anklage ihres Vaters, sie sei mit dem Teufel im Bunde, bleibt sie stumm. Auch auf das Drängen ihrer Freunde, auf die erhobenen Vorwürfe zu antworten, reagiert sie nicht. Erst auf der gemeinsamen Flucht erläutert Johanna ihrem Verehrer Raimond die Gründe für ihr Schweigen. Sie habe die Vorwürfe als Prüfung ihres Gottes betrachtet (V. 3150 f.) und die Zeit während der Flucht dazu genutzt, zu sich selbst zurückzufinden: »In mir ist Friede […] / Ich bin mir keiner Schwachheit mehr bewusst!« (V. 3178 f.) Johanna hat ihr Gottvertrauen und ihr Vertrauen darin, dem göttlichen Willen künftig ausnahmslos entsprechen zu können, ohne ›Schwächen‹ wie Verliebtheit zu erleben, zurückgewonnen. Auch glaubt sie, dass sie in absehbarer Zeit rehabilitiert werden wird (V. 3184–87), wie es denn auch geschieht (V. 3522–24).

Neues Vertrauen in Gott und sich selbst

Selbst in der Gefangenschaft verliert sie nicht ihren Glauben an den französischen Sieg (V. 3376 f. und V. 3408 f.). Sie hat in der Tat ihr altes Selbstvertrauen und das Vertrauen in göttliche Unterstützung wiedergefunden, die es ihr ermöglichen, sich aus den schweren Ketten zu befreien, sich wieder an die Spitze des französischen Heeres zu setzen und entscheidend zu dessen Erfolg beizutragen. Selbstlos begibt sie sich in die Schlacht – und wird tödlich verwundet. Ihr wiedergewonnenes Vertrauen in Gott zeigt sich auch darin, dass sie trotz tödlicher Verletzung heiter ist (nach V. 3524) und – nach ihrer Rehabilitierung durch den König – ein ewig freudiges Leben nach dem Tod erwartet (V. 3544).

Agnes Sorel

■ Selbstlose Geliebte des Königs

Die Geliebte des Königs ist vermögend. Ihrer Liebe wegen ist sie bereit, ihr Hab und Gut ihrem Karl zur Verfügung zu stellen, damit dieser die Soldaten trotz der leeren Staatskasse entlohnen kann (V. 608–612). Sie will »Mangel und Gefahr« (V. 643) mit ihm teilen und gibt sich entschlossener als der angesichts der militärischen Situation verzagende Karl. Die patriotisch orientierte Agnes Sorel hilft ihm nicht nur materiell, sondern leistet ihm auch seelischen Beistand, indem sie ihm Optimismus und Zuversicht vermittelt (V. 774–776, 785–795, 802–816).

■ Mittlerin

Auch ist sie bemüht, Auseinandersetzungen zu schlichten und in heiklen Situationen zu vermitteln: Als Dunois Karl wütend verlässt, weil dieser vor dem Kampf mit England verzagt, versucht sie, Karl zum Versöhnungsversuch zu überreden (V. 861–870). Als Johanna von zwei hochrangigen Militärs einen Heiratsantrag erhält, will sie die Situation entschärfen und bietet an, sich mit ihr zu beratschlagen (V. 2183–85).

Im Gegensatz zu Johanna entspricht Agnes Sorels Denken und Verhalten den in jener Zeit gängigen Erwartungen an die Frau. Sie verkörpert in besonderer Weise die Frau, die treu zu ihrem Mann steht (V. 1943), ihn liebe- und gefühlvoll unterstützt. Sie selbst zeigt sich sehr emotional; häufig weint sie vor Verzweiflung oder freudiger Rührung (nach V. 905, nach V. 1110, nach V. 1971) – und bedauert Johannas Gefühllosigkeit, die sie selbst als Abweichung vom weiblichen Rollenbild versteht: »Dein Herz ist kalt, du fühlst nicht unsre Freuden« (V. 2632). Agnes Sorel gelingt es trotz intensiven Bemühens nicht, Vertrauen zu Johanna aufzubauen. Sie stellt fest: »Du erschreckst mich […] / […], doch ich begriff dich nie – und stets / Verhüllt war mir dein dunkel tiefes Wesen.« (V. 2706–08) So überrascht es nicht, dass auch Agnes Sorel sich von Johanna abwendet, als sie zu den Anschuldigungen ihres Vaters schweigt (nach V. 3006).

■ Kontrastfigur zu Johanna

■ Gefühlvoll

Königin Isabeau

Das erste Auftreten der Mutter Karls verrät noch nichts über ihre unehrenhaften Denk- und Verhaltensweisen. Sie gibt sich als erfolgreiche Vermittlerin zwischen den englischen Heerführern und dem Herzog von Burgund, der das gemeinsame Bündnis aufkündigen will (V. 1354–57). Sie überredet die beiden Parteien, den gemeinsamen Kampf gegen ihren Sohn fortzusetzen (nach V. 1367).

■ Politisches Geschick

Doch schon wenig später verrät Talbots Blick auf ihre Motive, dass sie sich aus niederen Beweggründen am Krieg gegen ihren Sohn beteiligt. Er kommt zu dem eindeutigen Urteil: »Was ihr am Dauphin tut, / Ist weder menschlich gut, noch göttlich recht.« (V. 1399 f.) Isabeau übt Rache an ihrem Sohn, weil er sie für ihre unsittliche Lebensweise in die Verbannung geschickt hat, wie es die Bevölkerung forderte (V. 1406 f.). Ihr Hass auf ihren Sohn ist so groß, dass sie bei ihrer eigenen Gefangennahme darauf besteht, ihm nicht begegnen zu müssen (V. 3503 f.). Wie Isabeau gegen die Moralvorstellungen Karls und der Bevölkerung verstieß, wird nur angedeutet: Der Herzog von Burgund lässt anklingen, dass sie Karls Vater untreu war (V. 1403). Sie umgibt sich gern mit Liebhabern, möchte Lionel »zur Kurzweil und Gesellschaft« (V. 1454) mit an ihren Rückzugsort nehmen, nachdem die Militärs ihren Geltungsdrang zügeln und ihren Vorschlag ablehnen, als Anführerin des englischen Heers aufzutreten.

Rache an Sohn Karl

Unsittlichkeit

Machtgier

Ihre Machtgier beweist Isabeau, als sie Johanna gefangen nimmt. Sie behandelt ihre Gefangene geringschätzig und nennt sie eine »Närrin« (V. 3221). Sie ist bereit, Johanna zu töten, falls die Franzosen im Kampf erfolgreich sein sollten (V. 3404 f., nach V. 3443) und begleitet Johannas Verzweiflung »hohnlachend« (nach V. 3461).

Thibaut d'Arc

Thibaut d'Arc ist ein reicher Landmann mit Ländereien in einer Gegend um das im Nordosten Frankreichs gelegene Dom Remi (V. 1049), die er mit Schafherden bewirtschaftet. Zwar nimmt er Anteil an der prekären Situation Karls, kommentiert Bertrands Informationen zu den französischen Niederlagen mit dem Ausruf: »Gott schütze den König!« (V. 213) und bedauert, dass der Krieg Frankreich schadet und der französische Herzog von Burgund auf der Seite Englands kämpft. Doch bei allem Patriotismus ist Thibaut – ganz im Gegensatz zu seiner jüngsten Tochter – nicht bereit, Karl kämpferisch zu unterstützen: »Lassen wir die Großen, / Der Erde Fürsten um die Erde losen« (V. 375 f.). Fernab politischer Großereignisse, in die sich »friedliche Landleute« (V. 367) laut ihm nicht einzumischen haben, betrachtet er den Krieg mit großem Gottvertrauen: Wer auch immer als Sieger hervorgehen wird – der religiöse Thibaut ist überzeugt, dass dieser von Gott zum König auserwählt wurde, und will darum »still gehorchend« (V. 369) auf den Ausgang des Krieges warten.

■ Wohlhabender Landbesitzer

■ Tatenloser Patriot

■ Gottvertrauen

Thibauts Denken und Handeln in der familiären Sphäre werden durch seine patriarchalischen Vorstellungen bestimmt. Aufgrund seiner traditionellen Ansichten hat er sich »[e]ntschlossen« (V. 20), für seine Töchter Ehen zu arrangieren, damit sie in Kriegszeiten versorgt sind. Frauen bedürfen seiner Ansicht nach eines Beschützers. Dass seine jüngste Tochter

■ Der väterliche Patriarch

Johanna nicht bereit ist, ihren Verehrer Raimond zu heiraten, macht ihn wütend und bereitet ihm Sorgen (V. 47–54). Er maßregelt sie, als sie seinen Erwartungen auch in anderer Hinsicht nicht entspricht: Ihre interessierten Erkundigungen nach dem Krieg weist er schroff zurück: »Du fragst / Nach Dingen, Mädchen, die dir nicht geziemen« (V. 292 f.). Am politischen Geschehen haben Frauen nicht teilzunehmen, meint Thibaut – seine Einstellung entspricht den gesellschaftlich verbreiteten Geschlechterrollen.

■ Abergläubische Sorgen

Thibauts Sorge um das unkonventionelle Verhalten seiner Tochter geht so weit, dass er den Verdacht hegt, Johanna könnte ein Bündnis mit dem Teufel geschlossen haben. Diese abergläubische Sorge stellt sich nicht erst bei der Krönungszeremonie ein; schon in Dom Remi fürchtet er aufgrund der Aufenthalte Johannas in der Nähe der sagenumwobenen Eiche, sie habe sich mit dunklen Mächten verbündet (V. 90–108, 2989–94). Sein radikaler Entschluss, Johanna auf diesen bloßen Verdacht hin öffentlich anzuklagen, beruht auf seiner Religiosität: Thibaut zeigt sich als gottesfürchtiger Mensch. Er fürchtet, dass Johanna sich aufgrund ihres Hochmuts (den die römisch-katholische Kirche als Todsünde versteht) mit dem Teufel verbündet hat, von dem sie sich erhofft, »[d]ass er mit kurzem Weltruhm sie verherrliche« (V. 2994). Fanatisch verfolgt er seinen Plan, seine jüngste Tochter »zu retten« (V. 2838), sie mit Gewalt dazu zwingen, zu ihrem Gott zurückzukehren (V. 2840–43). Thibaut ist so von seinem Vorhaben besessen, dass er notfalls Jo-

■ Fanatischer Plan zur ›Rettung‹ Johannas

hannas Tod in Kauf nehmen will (V. 2845). Mit der Äußerung seines Verdachts bewirkt Thibaut, dass der König Johanna kurzzeitig verbannt.

Dauphin / König Karl VII.

Bereits bevor Karl seinen ersten Auftritt hat, erhalten die Leserinnen und Leser bzw. das Theaterpublikum aus verschiedenen Figurenperspektiven Einblick in seine Persönlichkeit und seine Kompetenzen zur Kriegsführung. In Thibauts Rede zu Beginn des Stückes wird deutlich, dass Karl zwar Thronerbe ist (V. 11) – an anderer Stelle wird er darum auch »Dauphin«, V. 1023, genannt, die französische Bezeichnung für Thronfolger des Königs von Frankreich –, aber das Königsamt wird ihm durch die »Engelländer« (V. 5), an deren Seite auch die eigenen Verwandten, die Mutter und der Herzog von Burgund, kämpfen, streitig gemacht (V. 13–15).

Thronfolge in Gefahr

Während die Engländer, wie anschließend Bertrand berichtet, nach zwei Schlachten erhebliche Landgewinne im Norden Frankreichs zu verzeichnen haben und nun vor den Toren Orleans' stehen (V. 208–212), hält sich Karl untätig in Chinon auf. Er hat, wie anschließend auch Graf Dunois beklagt, aufgegeben, weil sein Heer zu klein ist, um Orleans zu verteidigen, und die wenigen Soldaten die Gegner fürchten (V. 273–276).

Kein Kampfgeist

Nun erst tritt Karl in Erscheinung. Nicht nur lässt er seine Soldaten durch seinen mutlosen Rückzug in

Keine finanzielle Verantwortung

sein Hoflager im Stich, er verhält sich auch, was seine Finanzen betrifft, nicht verantwortungsbewusst. Obwohl die Kasse ruiniert ist, so dass die Soldaten keinen Sold erhalten können und sich deshalb von ihm abwenden, feiert er opulente Feste (V. 469–475). Karl verfällt zusehends in Resignation. Verzweifelt und kriegsmüde lässt er sich weder von seiner Geliebten noch von Dunois zu einer kämpferischen, zuversichtlichen Haltung überreden. Als der Herzog von Burgund auch noch sein Versöhnungsangebot ablehnt und er erfährt, dass er in der französischen Öffentlichkeit an herrschaftlicher Legitimation verloren hat, weil das Parlament in Paris ihn abgesetzt hat (V. 700 f.) und das Volk und seine eigene Mutter den englischen König »Harry Lancaster« (V. 715) als französisches Staatsoberhaupt feiern, will er völlig desillusioniert und voller Selbstzweifel auf den Thronanspruch verzichten (V. 824) und befiehlt den Rückzug in die verbliebenen Besitztümer südlich der Loire (V. 871 f.). Auch die Vorwürfe Dunois', Karl bemitleide sich selbst und sei kleinmütig (V. 840 f., 855), stimmen ihn nicht um: »Ich kann nicht mehr.« (V. 850) Bereits in dieser Phase der Verzweiflung zeigt sich Karls Religiosität: Hinter der drohenden militärischen Niederlage gegen England vermutet er eine Strafe Gottes für den lasterhaften Lebensstil seiner Mutter (V. 777–784). Johanna bringt die Wende.

Völlige Resignation und Rückzug

Religiös

Nachdem Johanna das französische Heer zum Sieg geführt hat, erwacht er aus seiner Lethargie und überträgt ihr die Führung des Heeres (V. 1136). Als es Johanna gelingt, Burgund zur Versöhnung mit Karl zu überreden, kehren der Optimismus und die Kriegsbereitschaft, der Mut und die Entschlossenheit Karls zurück: »Wir sind vereint. Ich fürchte keinen Feind mehr.« (V. 1983)

Großzügigkeit und Nachsicht

Einmal aus seiner Resignation erwacht, erweist sich Karl als großzügiger und nachsichtiger Herrscher: Burgund macht er keinen Vorwurf für sein Bündnis mit England (V. 1973, 1976); selbst gegenüber den feindlichen Engländern beweist er seine Ritterlichkeit, indem er dem toten Talbot ein angemessenes Begräbnis zuteilwerden lassen will (V. 2378) und Fastolf in die Freiheit entlässt, damit er an der Beisetzung seines Feldherrn teilnehmen kann.

Karls Verhältnis zu Johanna

Karl ist bewusst, dass er sowohl seine militärischen Erfolge als auch, damit verbunden, seinen kriegerischen Mut allein Johanna zu verdanken hat (V. 2078–80). Um ihr und seinem sozialen Umfeld seine Wertschätzung anzuzeigen, erhebt er sie in den Adelsstand (V. 2144–47) und ruft die Mitglieder seines Hofes und die Bevölkerung zur Verehrung Johannas auf (V. 2954–69). So sehr der frischgebackene König Johanna vor der Bevölkerung gepriesen hat, so hart bestraft er sie durch ihre Verbannung (V. 3042 f.), nachdem ihr Vater ihren guten Ruf durch seine Anschuldigungen vernichtet hat. Am Ende sieht er ein, dass die Verbannung ungerechtfertigt war und bestätigt die Rehabilitierung Johannas: »Du bist heilig wie die Engel, / Doch unser Auge war mit Nacht bedeckt.« (V. 3523 f.)

Graf Dunois

Graf Dunois ist ein unehelich in die königliche Familie geborener Adeliger (»Bastard«, V. 269). Bei seinem ersten Auftritt wird seine Opposition zu Karl deutlich: Er ist Karl zu Hilfe geeilt, weil er ihn im Kampf gegen die Engländer unterstützen will. Seine Erwartung, dass dieser sein Vaterland verteidigt, wird enttäuscht. Dunois trifft ihn stattdessen bei Feierlichkeiten (V. 447), so dass er ihn auffordert, endlich die Initiative zu ergreifen und um seine angestammten Rechte zu kämpfen (V. 546). Die Verzagtheit und die Resignation Karls erregen seinen Unmut, so dass er ihn mit Vorwürfen wegen seines Zauderns und seiner Untätigkeit überhäuft (V. 825–848). Er selbst will sich mutig in den Kampf um Orleans stürzen (V. 858–860) – und dient damit als Kontrastfigur zum Dauphin, dessen Mut- und Tatenlosigkeit im Vergleich noch deutlicher zur Geltung kommt.

■ Unzufriedenheit mit Karl

■ Mutige Kontrastfigur zum König

Zwar sichert Dunois Karl zu, dass er Johanna blind folgen wird, allerdings bezieht er seine Versicherung nur auf Johannas Funktion als Fahnenträgerin. Seinem Rollenverständnis nach beteiligt sich eine Frau nicht mit tödlichen Waffen an einem Kampf (V. 1506–10). Doch verliebt sich Dunois schließlich gerade wegen ihrer Tatkraft in Johanna: »Denn nur die Starke kann die Freundin sein / Des starken Mannes, und dies glühnde Herz / Sehnt sich an einer gleichen Brust zu ruhn« (V. 1832–34). Es mag vor dem Hintergrund von Dunois' althergebrachten Rollenbildern überra-

■ Traditionelle Rollenbilder

■ Verehrer Johannas

schen, dass er Johanna selbstbestimmt entscheiden lassen will, mit wem sie die Ehe eingehen wird, nachdem sich La Hire als weiterer Bewerber entpuppt (V. 1856–58 und V. 2158–61).

Zweifel an Johannas Teufelspakt

Sein Glaube an Johannas Unschuld nach den Anschuldigungen Thibauts überdauert zwar das Vertrauen der übrigen Anwesenden in sie (V. 3017–20), jedoch nicht ihre Reaktion auf seinen Zuspruch. Dass sie schweigt und sich von ihm abwendet, nachdem er ihr unter vier Augen sein Vertrauen ausgesprochen hat, lässt ihn letztlich daran zweifeln, dass sie unschuldig ist (nach V. 3041). Schockiert erstarrt er nun selbst, schweigt zu ihrer Verbannung und wendet sich kurzfristig von ihr ab (nach V. 3047). Allerdings hat er sie nicht restlos aufgegeben. Er vermisst sie (V. 3255 f.) und verleiht der Vermutung des Erzbischofs, Johanna sei zu Unrecht verurteilt worden, Nachdruck: »Sie eine Lügnerin! Wenn sich die Wahrheit / Verkörpern will in sichtbarer Gestalt, / So muss sie ihre Züge an sich tragen!« (V. 3274–76) Die Auskunft Raimonds, dass Johanna Gefangene der Engländer ist, rüttelt ihn auf. Er ruft sofort dazu auf, für ihre Befreiung zu kämpfen (V. 3318–22).

Fürsprecher Johannas

La Hire

Offizier und Verehrer Johannas

La Hire ist ein französischer Offizier. Er verfolgt im Hinblick auf Johanna dieselben Ziele wie Dunois: Erstens ist er gemäß der gängigen Geschlechterrollen um sie besorgt und will sie vom Kampf mit der Waffe abhalten (V. 1511–15), wenngleich auch er ihre Leistung für das militärische Heer anerkennt und befürwortet, dass sie dem Heer die Fahne vorausträgt (V. 1132–35). Zweitens macht auch er sich Hoffnungen, Johanna heiraten zu können. Er sieht seinen Vorteil gegenüber Dunois darin, dass Johanna wie er nicht aus dem Adel stammt (V. 1840–43).

Lionel

Feindlicher Heerführer

Lionel ist ein Anführer des englischen Heeres. Nach der verlorenen Schlacht um Orleans bedauert er den Ehrverlust seines Heeres, für den er den französischen Verbündeten, den Herzog von Burgund, verantwortlich macht. Seine Überzeugung lautet ohnehin: »Französisch Blut / Und englisch kann sich redlich nie vermischen.« (V. 1305 f.)

Patriotismus

Traditionelle Geschlechterrollen

Auch Lionel ist vom gängigen weiblichen Rollenbild geprägt: Er ist davon überzeugt, dass Frauen nicht mit Waffen kämpfen können und hält die erste Niederlage gegen Johanna für »[b]eschimpfend lächerlich[]« (V. 1241), eben weil sie »von einem Weibe« (V. 1244) zugefügt wurde. Er ist davon überzeugt, dass es nur eines »leichte[n] Kampfspiel[s]« (V. 1487) bedarf, um Johanna in der folgenden Schlacht zu besiegen – und will sie mit sexueller Gewalt bestrafen und der »Lust des Heers« (V. 1491) überlassen.

Die Auseinandersetzung nimmt zunächst einen anderen Verlauf, als er ihn sich gedacht hat. Nach kurzem Kampf hat Johanna ihn entwaffnet und ist bereit, ihn zu töten. Ihr plötzliches Zögern, den Todesstoß zu setzen, verwirrt ihn: »[I]ch fühle, dass mein Hass / [v]erschwindet« (V. 2485 f.). Stattdessen entwickelt er Mitleid mit ihr. Darüber hinaus erweichen ihre Jugend und ihre Schönheit sein Herz (V. 2488). Sie verleiht ihren Gefühlen für ihn umgekehrt Ausdruck: »Ich sterbe, wenn du fällst von ihren [Burgunds, Dunois' und La Hires] Händen!« (V. 2501) Lionel flieht vor den Feinden, will sie aber wiedersehen (V. 2504). Nachdem Isabeau Johanna als Gefangene zu Lionel bringen lässt, haben sich Johannas Gefühle für Lionel wieder gewandelt: »Du bist / Der Feind mir, der verhasste, meines Volks. / Nichts kann gemein sein zwischen dir und mir. / Nicht lieben kann ich dich« (V. 3348–51). Lionel hingegen hält an seiner Zuneigung zu Johanna fest. Während Fastolf und Isabeau ihn drängen, Johanna zu töten, denkt er darüber nach, wie er sie retten kann. Lionels Appell an Johanna, sich den Engländern anzuschließen, lehnt sie barsch ab: »Spare deine Worte!« (V. 3399)

■ Gegenseitige Zuneigung

■ Zurückweisung Johannas

Herzog von Burgund

Der Herzog von Burgund kämpft zu Beginn in einem Bündnis mit England gegen Frankreich. Der Grund dafür, dass er zum »Reichsverräter« (V. 319) wurde, ist der Mord an seinem Vater, den er einem Anhänger Karls, Du Chatel, zu Lasten legt (V. 1397 f.). Nach Schwierigkeiten mit seinen englischen Bündnispartnern kann er sich trotz eines Versöhnungsangebots

■ Bündnis mit England

■ Rache am Mord des Vaters

Karls nicht dazu durchringen, erneut die Seiten zu wechseln und für Frankreich zu kämpfen. Von Karl fordert er, dass er ihm Du Chatel ausliefert (V. 680–682). Schließlich jedoch verstärken sich die Spannungen mit England: Burgund ist erbost, dass Talbot und Lionel ihm und seinen Truppen Feigheit vorwerfen, weil sie zuerst vor Johanna zurückwichen und das französische Heer so den Sieg erringen konnte. Sie erkennen seinen Verdienst nicht an, die englischen Truppen ins Land geführt zu haben, und sie bestanden neidisch darauf, Orleans kriegerisch zu erobern, obwohl sich die Stadt Burgund freiwillig unterworfen hätte (V. 1263–71, 1276–79).

■ Zerwürfnis mit England und …

Auf Johanna stößt Burgund im englischen Lager und besteht zunächst auf einem Kampf. Die Enttäuschung über die englischen Verbündeten ist jedoch so groß, dass er durch Johannas Werberede seine patriotischen Gefühle wiederentdeckt und sie ihn schnell zum Bündnis mit Frankreich überreden kann (V. 1799–1804). Burgund entpuppt sich als geschickter Verhandler, indem er einen Ritter einige Bedingungen für die Versöhnung mit Karl aushandeln lässt, bevor er selbst zur feierlichen Aussöhnungszeremonie erscheint: Den Kniefall vor Karl möchte er beispielsweise zwar vollziehen, schreibt ihm aber vor, rasch zur Umarmung überzuleiten, um sich zwar ehrerbietig, aber nicht allzu unterwürfig zu präsentieren. Eine weitere Bedingung: Du Chatel, der Mörder seines Vaters, soll nicht anwesend sein. Doch auch hier weiß Johanna durch dringliche Worte zu vermitteln und

■ … Versöhnung mit Karl

■ Verhandlungsgeschick

ihn zur Versöhnung mit Du Chatel umzustimmen. Johannas Einflussvermögen auf ihn ist außerordentlich stark; in kürzester Zeit vermag sie seine Überzeugungen und Ziele ins Gegenteil zu verkehren: »O sie kann mit mir schalten wie sie will, / Mein Herz ist weiches Wachs in ihrer Hand.« (V. 2065 f.) Fortan kämpft Burgund auf der Seite Frankreichs.

Starker Einfluss Johannas

Nachdem Thibaut seine Tochter öffentlich eines Teufelsbündnisses bezichtigt, ist der Herzog von Burgund sogleich von der Wahrheit der Anschuldigung überzeugt. Ohne Johanna, an deren Gottgesandtheit er zuletzt noch fest glaubte (V. 2102), selbst zu Wort kommen zu lassen, verurteilt er sie (V. 2997 f.). Einmal mehr zeigt sich darin die Sprunghaftigkeit des Herzogs, dessen Überzeugungen sich plötzlich ändern. Zuletzt ist er wieder ganz von Johannas Unschuld überzeugt und nennt sie einen »Engel« (V. 3508).

Wankelmut

4. Form und literarische Technik

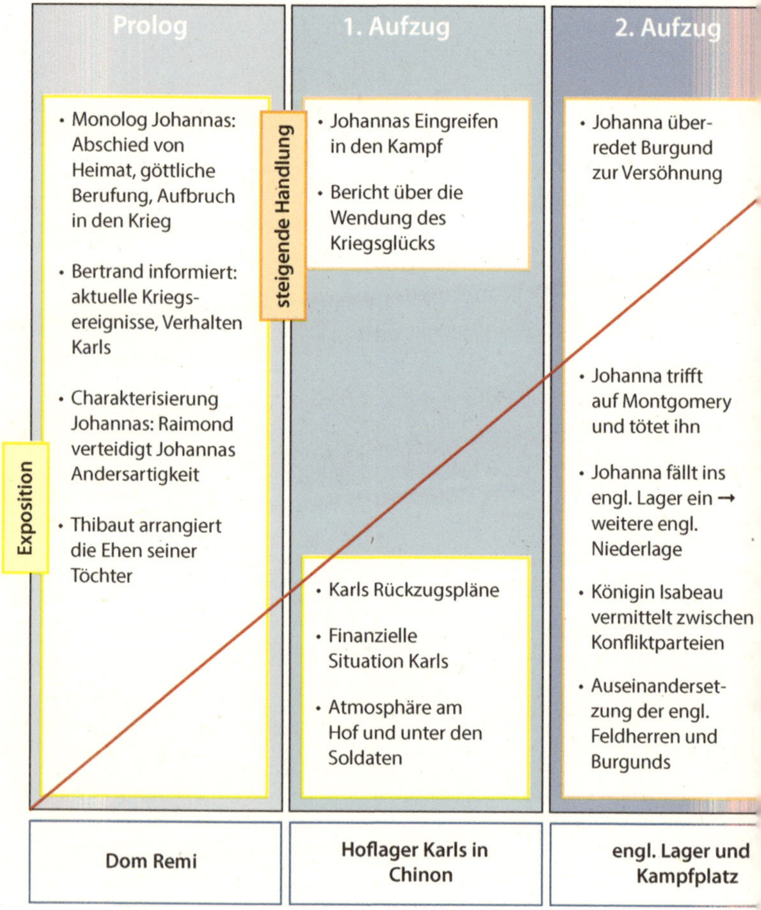

Abb. 5: Übersicht über den Aufbau des Dramas

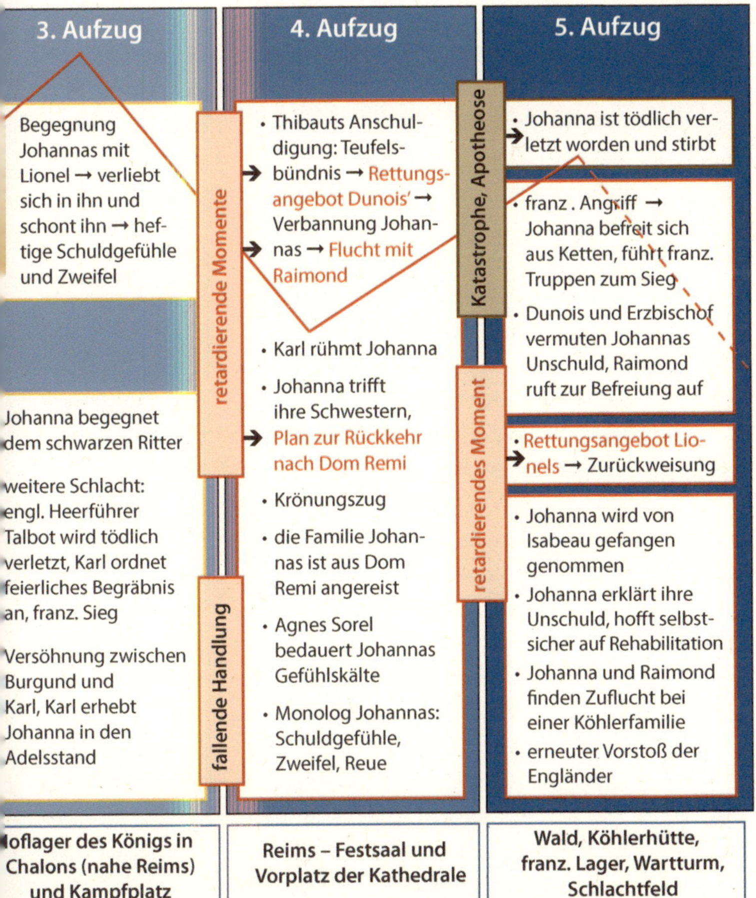
3. Aufzug
Begegnung Johannas mit Lionel → verliebt sich in ihn und schont ihn → heftige Schuldgefühle und Zweifel
Johanna begegnet dem schwarzen Ritter
weitere Schlacht: engl. Heerführer Talbot wird tödlich verletzt, Karl ordnet feierliches Begräbnis an, franz. Sieg
Versöhnung zwischen Burgund und Karl, Karl erhebt Johanna in den Adelsstand
Hoflager des Königs in Chalons (nahe Reims) und Kampfplatz
retardierende Momente
fallende Handlung
4. Aufzug
• Thibauts Anschuldigung: Teufelsbündnis → Rettungsangebot Dunois' → Verbannung Johannas → Flucht mit Raimond
• Karl rühmt Johanna
• Johanna trifft ihre Schwestern, Plan zur Rückkehr nach Dom Remi
• Krönungszug
• die Familie Johannas ist aus Dom Remi angereist
• Agnes Sorel bedauert Johannas Gefühlskälte
• Monolog Johannas: Schuldgefühle, Zweifel, Reue
Reims – Festsaal und Vorplatz der Kathedrale
Katastrophe, Apotheose
retardierendes Moment
5. Aufzug
• Johanna ist tödlich verletzt worden und stirbt
• franz. Angriff → Johanna befreit sich aus Ketten, führt franz. Truppen zum Sieg
• Dunois und Erzbischof vermuten Johannas Unschuld, Raimond ruft zur Befreiung auf
• Rettungsangebot Lionels → Zurückweisung
• Johanna wird von Isabeau gefangen genommen
• Johanna erklärt ihre Unschuld, hofft selbstsicher auf Rehabilitation
• Johanna und Raimond finden Zuflucht bei einer Köhlerfamilie
• erneuter Vorstoß der Engländer
Wald, Köhlerhütte, franz. Lager, Wartturm, Schlachtfeld

Dramenaufbau

Orientierung am traditionellen Dramenaufbau

Schillers *Die Jungfrau von Orleans* weist, wie es der klassischen Dramenform entspricht, fünf Aufzüge auf. Die **Exposition** umfasst den Prolog und Teile des ersten Aufzugs. Eingeführt werden zum einen die Hauptfiguren: Die Leserinnen und Leser erfahren von den Lebensumständen, dem Umfeld und dem Charakter Johannas und vom Umfeld und der psychischen Disposition Karls. Zum anderen erhält man Einblick in die politische Situation: Der Konflikt zwischen Frankreich auf der einen und England und Burgund auf der anderen Seite wird skizziert und die Atmosphäre im französischen Hoflager und in der Bevölkerung wird vermittelt, die prekäre finanzielle Situation wird deutlich.

Spätere Auftritte des ersten Aufzugs sowie der zweite Aufzug enthalten die **steigende Handlung**: Der weitere Verlauf der militärischen Auseinandersetzungen wird beschrieben. Nach zwei Siegen gegen die Engländer im Ringen um Orleans ist der Weg frei für die Krönung Karls in Reims.

Den Wendepunkt (die **Peripetie**) auf der Erfolgsleiter Johannas markiert im dritten Aufzug die Begegnung mit Lionel, dem englischen Heerführer, die Johanna gegen ihren göttlichen Auftrag verstoßen lässt: Sie verliebt sich und verschont ihn. Diese Wende kündigt sich kurz zuvor durch den Auftritt des schwarzen Ritters an.

Die Schuldgefühle und die Selbstzweifel Johannas stehen im Mittelpunkt des vierten Aufzuges (**fallen-**

de Handlung). Johanna gelangt durch die Anklage ihres Vaters und ihre daraus resultierende Verbannung durch den König an den Tiefpunkt ihrer Mission. Sie flieht mit Raimond durch die Wälder. **Retardierende Momente**, die kurzfristig einen anderen Ausgang der Handlung denkbar machen als den, der folgt, sind etwa Johannas Plan, nach Dom Remi zurückzukehren, Dunois' Rettungsangebot und die gemeinsame Flucht mit Raimond.

Im fünften Aufzug kommt es zur **Katastrophe**. Nach der Flucht, der Gefangennahme und dem Angebot Lionels, Johanna als Ehefrau zu beschützen (ebenfalls ein retardierendes Moment) gelingt es Johanna zwar noch einmal, sich zu befreien und das französische Heer zum Erfolg zu führen. Sie stirbt jedoch am Ende an den Verletzungen, die sie im Kampf erlitten hat. Johanna wird zuletzt nicht nur rehabilitiert, Schiller verklärt ihren Tod durch die Vision ihres Aufstiegs in den göttlichen Himmel, in dem »ewig […] Freude« (V. 3544) herrscht. Eine solche Verherrlichung nennt man **Apotheose**. Durch sein Ende erfüllt das Stück ein wichtiges Merkmal des klassischen Dramas: Es weist eine geschlossene Form auf: Die Aufzüge haben logischen Zusammenhang und die Ereignisse führen auf einen Schluss, eine Lösung des Konfliktes hin.

■ Geschlossene Form

In anderer Hinsicht weicht Schiller jedoch von den Merkmalen des klassischen Dramas ab: So weist *Die Jungfrau von Orleans* zwar die Aristotelische Einheit der Handlung auf (d. h., es kommt ohne Nebenhandlungen aus), nicht aber die beiden übrigen der Zeit und

■ Abweichung von klassischer Dramenform

des Ortes: Die Handlung erstreckt sich über mehrere Tage und Nächte und beschränkt sich nicht, wie Aristoteles vorschrieb, auf einen Sonnenumlauf, und die Schauplätze wechseln beständig. Ungewöhnlich ist auch, dass der vorangestellte Prolog und die Aufzüge eine unterschiedliche Anzahl von Auftritten enthalten.

Darstellungsmittel

Die ständigen Wechsel der Schauplätze, die vielen Figuren gerade in den Kriegsszenen, die geräuschvolle Umsetzung des Unwetters stellen zu Schillers Lebzeiten Herausforderungen für Inszenierungen dar. Bisweilen greift er darum auf zwei traditionelle Theatertechniken zurück, die die Umsetzung des ereignisreichen Stoffes als Theaterstück ermöglichen: den Botenbericht und die Mauerschau.

■ Traditionelle Techniken

■ Botenbericht

Häufig informieren Figuren in Dramen rückblickend über Ereignisse, deren Darstellung auf der Bühne nicht umsetzbar ist oder die als zu brutal oder zu anstößig für das Publikum erachtet werden. Diese rückblickenden Darstellungen durch Figurenrede nennt man Botenbericht. Ein Beispiel aus *Die Jungfrau von Orleans*: Der Ritter Raoul fasst die Schlacht der Franzosen gegen die Engländer und Burgunder zusammen, in der Johanna erstmals als Anführerin des französischen Heeres auftritt (V. 939–984). Diese einfache Technik ermöglicht Schiller, eine verheerende Schlacht mit vielen Ertrinkenden und zweitausend Toten (V. 982) zum Ereignis des Stücks zu machen – auf der Bühne wäre sie schwer darzustellen gewesen.

Eine ähnliche Technik, auf die Schiller zurückgreift, als er während der letzen Schlacht des Stückes einen englischen Soldaten von einem Wartturm aus hinunter aufs Schlachtfeld blicken und von den Ereignissen, die sich dort zutragen, berichten lässt (z. B. V. 3420–22), ist die Teichoskopie oder Mauerschau: Es handelt sich ebenfalls um einen mündlichen Bericht über eine schwer theatralisch darstellbare Handlung. Über diese hat die Figur (zumeist, weil sie erhöht positioniert ist) den Überblick und schildert sie, im Unterschied zum Botenbericht, in zeitlich unmittelbarem Anschluss.

■ Mauerschau

Bedient sich Schiller bei den Kampfszenen noch traditioneller Techniken, so stellen die musikalischen Untermalungen und die Licht- und Geräuscheffekte bisher unbekannte Darstellungsformen dar: Das Versinken des schwarzen Ritters im Boden bei Blitz und Donner (V. 2445) ist ein augenfälliges Beispiel dafür, dass es Schiller nicht nur um die Vermittlung von moralischen und politischen Ansichten im Theater ging, sondern dass er dem Publikum auch Unterhaltung durch entsprechenden Einsatz von Bühneneffekten bieten wollte.

■ Neue Bühneneffekte

Sprache

Die Jungfrau von Orleans ist ein Versdrama. Die Figurenrede ist zumeist im Blankvers gehalten, einem reimlosen fünfhebigen Jambus (der gewöhnlichen Versform des klassischen deutschsprachigen Dramas). Ein fünfhebiger Jambus ist ein Versmaß, das aus Jamben (Versfüßen mit einer unbetonten Silbe und

■ Blankvers

einer darauffolgenden betonten Silbe) besteht und fünf betonte Silben (Hebungen) enthält:

◡ — ◡ — ◡ — ◡ — ◡ —
Und wider ihn im Heer der Feinde kämpft
◡ — ◡ — ◡ — ◡ — ◡ —
Sein nächster Vetter und sein erster Pair (V. 13 f.)

Reim: Ausdruck heftiger Emotionen

Es finden sich im Drama jedoch auch gereimte Verse: Häufig sind es Johannas von kriegerischem Mut, Verzweiflung oder göttlicher Erfüllung zeugende Worte, deren emotionale Schwere durch Reime unterstrichen wird. So besteht ihr erster Monolog, in dem sie Abschied von ihrer Heimat nimmt, aus einem sechsstrophigen Gedicht mit fünfhebigem Jambus, dessen Verse je nach Silbenzahl mit weiblicher Kadenz (elf Silben, die letzte Silbe ist unbetont) oder männlicher Kadenz (zehn Silben, die letzte Silbe ist betont) enden (V. 383–432). Mit Ausnahme der ersten Strophe hat Schiller dieselbe Strophenform gewählt: Acht Verszeilen mit Endreimen nach dem Schema abababcc bilden eine Strophe (z. B. V. 393–400). Diese Strophenform nennt man Stanze. Johannas entsetzte Überlegungen kurz vor der Krönung Karls zur Verschonung Lionels sind ebenfalls als Gedicht mit Endreimen verfasst, dessen Verse mal im fünfhebigen Jambus gehalten sind (auch hier hat Schiller in Stanzen gedichtet), mal im vierhebigen Trochäus (einem Versfuß, bei dem auf eine betonte Silbe eine unbetonte folgt):

◡ — ◡ — ◡ — ◡ — ◡ — ◡
Und aus der Freude Kreis muss ich mich stehlen,
◡ — ◡ — ◡ — ◡ — ◡ — ◡
Die schwere Schuld des Busens zu verhehlen.
(V. 2540 f.)

— ◡ — ◡ — ◡ — ◡
Nicht die zarte Jungfrau wähle;
— ◡ — ◡ — ◡ — ◡
Nicht der Hirtin weiche Seele! (V. 2604 f.)

Außerdem sticht das metrische Schema im siebten Auftritt des zweiten Aufzugs, in dem Johanna Montgomery begegnet, heraus. Diesem Auftritt, der inhaltlich besonders ist, weil er Johannas bedingungslose Befolgung des göttlichen Auftrags drastisch verdeutlicht, hat Schiller auch eine besondere Form gegeben: den Trimeter, der aus sechs zweisilbigen Versfüßen (im Drama Jamben) besteht. Trimeter heißt dieses Versmaß deshalb, weil es schon in der griechischen Antike häufig verwendet wurde, und in der antiken Verslehre die Dipodie, ein metrisches Element aus zwei gleichen Versfüßen, eine wichtige Rolle spielte. *trimetros* ›aus drei Maßen bestehend‹, ist ein metrisches Element, das sich aus drei Dipodien zusammensetzt:

■ Antike Anleihe: der Trimeter

1. Dipodie 2. Dipodie 3. Dipodie
◡ — ◡ — ◡ — ◡ — ◡ — ◡ —
Halt ein, Furchtbare! Nicht den Unverteidigten

1. Dipodie 2. Dipodie 3. Dipodie

◡—◡ — ◡ — ◡ — ◡ — ◡ —

Durchbore. Weggeworfen hab ich Schwert und Schild (V. 1581 f.)

Sprachbilder und gehobene Sprache

Zusätzlich nutzt Schiller Sprachbilder, um heftigen Emotionen Ausdruck zu verleihen: Karl habe Gott gebeten »auszugießen auf [s]ein einzig Haupt / [d]ie ganze Schale seines Zorns« (V. 1030), gibt Johanna ein verzweifeltes Gebet Karls wieder; später bringt sie die Überheblichkeit der Engländer wütend in anschaulichen Vergleichen zum Ausdruck: »Ihr träumtet schon [...], / [...] / dies große Land, gleichwie ein Boot, / An euer stolzes Meerschiff zu befestigen!« (V. 1640–43).

Sprachliche Eigenheiten geben auch Aufschluss über den Charakter einiger Figuren: Die Emotionalität Agnes Sorels kommt in zahlreichen Ausrufen zum Ausdruck (z. B. V. 861, 868, 873 f.); Johannas Selbstsicherheit und Entschlossenheit zeigt sich in Imperativen (»Gebt mir den Helm!«, V. 191) und der direkten Anrede auch der höfischen Figuren (»Bastard von Orleans!«, V. 1007). Hingegen unterscheidet Schiller im Sprachstil der Figuren nicht zwischen der höfischen Gesellschaft und der sozial niedriger gestellten, ländlich sozialisierten Familie Johannas: Die Figuren sprechen ausnahmslos eine gehobene Sprache.

5. Quellen und Kontexte

Quellen zu Jeanne d'Arc

Schillers historische und literarische Vorlagen

Schillers Ausgangspunkt für seine romantische Tragödie *Die Jungfrau von Orleans* ist die Lebensgeschichte der historischen Person Jeanne d'Arc. Schiller beschäftigte sich erstens mit Briefen und Schriftstücken Jeannes sowie mit verschiedenen Sachtexten (historischen Darstellungen, Gutachten zu ihrer Glaubwürdigkeit und Protokollen aus ihren Inquisitionsprozessen, die die Engländer nach ihrer Gefangennahme am 23. Mai 1430 in Compiègne angestrengt hatten). Darüber hinaus studierte er eine bekannte Sammlung merkwürdiger Rechtsfälle des französischen Juristen und Schriftstellers François Gayot de Pitaval (1673–1743), die sich auch mit Jeanne d'Arc auseinandersetzt, die *Causes célèbres et intéressantes, avec les jugemens qui les ont décidées* (1734–43). Zweitens kannte Schiller die auch in Deutschland sehr bekannte Satire Voltaires (1694–1778) *La Pucelle d'Orléans* (1752). Ihm missfiel jedoch, wie Jeanne darin dargestellt wurde. In einem Brief an den Schriftsteller und Übersetzer Christoph Martin Wieland (1733–1813) schrieb er dazu:

> »Sie werden mir zugeben, daß Voltaire sein möglichstes gethan, einem dramatischen Nachfolger das Spiel schwer zu machen. Hat er seine Pucelle zu tief in den Schmutz herabgezogen, so habe ich die mei-

> nige vielleicht zu hoch gestellt. Aber hier war nicht anders zu helfen, wenn das Brandmal, das er seiner Schönen aufdrückte, sollte ausgelöscht werden.«[1]

Schiller verdeutlicht hier, dass es ihm in seinem Stück weder um eine detailgetreue Dramatisierung des Lebenswegs der historischen Person Jeanne ging noch um eine satirische Bearbeitung, wie sie Voltaire beabsichtigt hatte. In Voltaires frivol-grotesker Satire ist Jeanne eine einfache Magd und Betrügerin, die in einem Gasthof arbeitet und sich des Häufigeren den sexuellen Übergriffen der Männer widersetzen muss. Schiller strebte dagegen an, seine Hauptfigur in einem positiveren Licht darzustellen, indem er insbesondere ihren Freiheitskampf und ihren Selbstfindungsprozess in den Vordergrund rückte. Zwar hat sich Schiller weitestgehend an den historischen Personen und Ereignissen orientiert. Allerdings hat er Umdeutungen vorgenommen, um die Denk- und Verhaltensweisen einiger Figuren besser an seine Intentionen anpassen und nachvollziehbarer erklären zu können (Schillers theoretische Überlegungen zu solchen dramatischen Umdeutungen finden sich im Abschnitt »Schillers Tragödienkonzept« dieses Lektüreschlüssels, S. 78–82).

■ Abweichungen von der historischen Person

In der folgenden Tabelle finden sich einige augenfällige Beispiele für Details, in denen Schiller in seiner

1 Friedrich Schiller, Brief an Christoph Martin Wieland vom 19. Oktober 1801, in: F. S., *Werke und Briefe in zwölf Bänden*, Bd. 5: Dramen IV, hrsg. von Matthias Luserke, Frankfurt a. M. 1996, S. 631.

romantischen Tragödie von den realen Ereignissen um 1430 abweicht:

Reale Personen und Ereignisse	Literarische Darstellung
Jeanne hatte drei Brüder und eine Schwester.	Johanna hat zwei Schwestern.
Die Familie war nicht sehr reich, lebte aber in guten Verhältnissen.	Thibaut d'Arc ist ein reicher Landmann.
Mit 13 Jahren hörte Jeanne zum ersten Mal Stimmen von Heiligen und Engeln, die sie aufforderten, die Eroberung Orléans durch engl. Truppen zu verhindern und den Dauphin zum Thron zu führen.	Johanna bat die Mutter Gottes um Hilfe zur Verteidigung Frankreichs gegen die feindlichen Engländer. Diese erteilte ihr den göttlichen Auftrag, das franz. Heer anzuführen und Karl VII. zu krönen.
Viele Menschen bezweifelten ihre göttliche Berufung. Karl VII. ließ sie von Geistlichen befragen und ihre Jungfräulichkeit untersuchen, bevor er ihr eine kleine Einheit an Soldaten zuteilte.	Nach einer raschen Prüfung glaubt Karl, dass Johanna von »Gott begeistert« (V. 1021) ist. Sie wird sogleich an die Spitze des franz. Heeres gestellt (V. 1136). Auch die franz. Soldaten und das Volk scheint Johanna zu überzeugen. Einzig ihr Vater sowie (zunächst) die engl. Befehlshaber zweifeln an Johannas göttlichem Auftrag.
Karl und Jeanne hatten unterschiedliche Vorstellungen über das strategische Vorgehen.	Der König stimmt den Vorhaben Johannas uneingeschränkt zu.

Jeanne wurde von einem Anhänger des Herzogs von Burgund verhaftet und an die Engländer verkauft. Nach zwei politisch motivierten Inquisitionsprozessen (die Engländer wollten Karl schwächen) wurde sie 1431 in Rouen als Hexe auf dem Scheiterhaufen verbrannt.	Johanna wird von ihrem abergläubischen und frommen Vater öffentlich des Teufelsbündnisses bezichtigt, aus dem privaten Motiv ihrer Rettung heraus (V. 2838). Sie findet den Tod im Kampf gegen die Engländer.
Jeanne behauptete in beiden Inquisitionsprozessen, niemals einen engl. Soldaten getötet zu haben.	Schiller zeigt Johanna als gnadenlose Gotteskriegerin (siehe etwa die Montgomery-Szene, V. 1598–1602).
Die Namen einiger Personen am franz. Hof (etwa Jean de Dunois, 1403–1468) und die einiger engl. Heerführer (etwa John Talbot, 1384–1453, und John Fastolf, 1380–1459), sind historisch belegt.	Schiller hat mehrere Figuren hinzuerfunden (etwa Raimond) und sich nicht an die biografischen Fakten einzelner Personen gehalten, die er zur Vorlage nahm: Agnès Sorel etwa kam erst 1431 an den Hof Karls. Talbot fiel erst 1453 und damit Jahre nach Jeannes Tod.
1455 eröffnet Karl auf Anregung der Mutter Jeannes einen Rehabilitationsprozess → Urteil: vollständige Rehabilitierung, sie wird erst im Laufe des 19. Jahrhunderts zur franz. Nationalheldin stilisiert, 1909 Seligsprechung der röm.-kath. Kirche, 1920 Heiligsprechung	Zunächst wird Johanna von der Bevölkerung verehrt, später jedoch durch die Verbannung vorübergehend geächtet. Schließlich wird sie kurz vor ihrem Tod rehabilitiert.

Abb. 6: Vergleich der historischen Person Jeanne d'Arc mit Schillers Johanna

Politischer Hintergrund: Der Hundertjährige Krieg

Mit der Wahl der historischen Person Jeanne d'Arc als Vorlage für seine Hauptfigur lässt sich der historische Hintergrund, auf den Schiller Bezug nimmt, leicht bestimmen: Es handelt sich um den Hundertjährigen Krieg zwischen Frankreich und England (1337–1453). Ausgangspunkt war ein Streit über die Herrschaft über Frankreich: Nachdem der französische König Karl IV. 1328 ohne überlebende männliche Nachkommen verstarb, beanspruchte nicht nur dessen Cousin Philipp VI. die französische Krone, sondern wegen entfernter Verwandtschaft auch der englische König Edward III. Setzten sich zunächst Philipp VI. und seine Nachfolger durch, keimte der Konflikt erneut auf, als einer seiner Nachfolger, der französische König Karl VI., psychisch erkrankte und um 1393 regierungsunfähig wurde. 1415 stieß der englische König Heinrich V. nach Frankreich vor und nahm den Norden des Landes ein.

■ Hundertjähriger Krieg

Ein weiterer Konflikt entwickelte sich im Inneren des Landes: Die rivalisierenden Herzöge von Burgund und von Orléans hatten sich während der Krankheitszeit Karls VI. und später, als der nicht besetzte Teil Frankreichs von einem Regentschaftsrat unter dem Vorsitz von dessen Frau, Königin Isabeau, regiert wurde, um politischen Einfluss bemüht. Nachdem die Königin sich dem Herzog von Orléans zuwandte, spitzte sich der Konflikt zu einem Bürgerkrieg zu. Bei

burgundische Herrschaft

Gebiete Karls VII.

englisch besetzte Gebiete

Abb. 7: Jeanne d'Arcs Weg durch Frankreich

einem Treffen zwischen dem Thronfolger Karls VI., dessen Sohn Karl VII., und dem Herzog von Burgund, Johann Ohnefurcht, das den Friedensverhandlungen zwischen beiden Parteien dienen sollte, wurde Ohnefurcht ermordet. Dessen Sohn und Nachfolger, Philipp der Gute, schloss daraufhin ein Bündnis mit dem feindlichen England, und Königin Isabeau fügte sich im Namen ihres regierungsunfähigen Mannes, indem sie 1420 den Friedensvertrag von Troyes unterzeichnete, der dem englischen König Heinrich V. und dessen Erben die Thronfolge in Frankreich zusicherte. Ihren Sohn Karl VII. erklärte sie für unehelich und für verantwortlich für die Ermordung Ohnefurchts.

■ Bündnis zwischen Burgund und England

Nachdem Heinrich V. verstarb, beanspruchte Karl VII. den französischen Thron für sich. Die Auseinandersetzung fand in der Belagerung von Orléans durch die Engländer ihren Höhepunkt: Die französischen Truppen erstritten unter Beteiligung Jeanne d'Arcs 1429 den Sieg; Karl VII. wurde in Anwesenheit Jeannes in der Kathedrale von Reims zum französischen König gekrönt.

■ Kampf um Orléans

■ Krönung Karls VII.

Die Engländer waren jedoch noch nicht gänzlich aus Frankreich vertrieben. Jeanne d'Arc drängte, auch das besetzte Paris zu erkämpfen. Ihr Bestreben misslang, und sie wurde am 23. Mai 1430 festgenommen und an die verbündeten Burgunder ausgeliefert. Nach monatelanger Gefangenschaft wurde sie an die Engländer verkauft, die in ihr wegen ihrer angeblichen übernatürlichen Fähigkeiten eine militärische Gefahr sahen, aber auch eine politische, weil sie proklamierte, im Auftrag Gottes zu handeln. Diese Bekundung, so fürchteten sie, würde den englischen Anspruch auf die französische Krone auf Dauer unberechtigt erscheinen lassen. Am Ende zweier Inquisitionsprozesse, in denen Jeanne Ketzerei zur Last gelegt wurde,

■ Festnahme Johannas

■ Inquisitonsprozesse und Hinrichtung

wurde sie schuldig gesprochen, und am 30. Mai 1431 auf dem Scheiterhaufen verbrannt.

Schillers Tragödienkonzept

Nachahmung einer historischen Handlung

Friedrich Schiller hat nicht allein Dramentexte geschrieben, er hat auch dramentheoretische Überlegungen angestellt. In der Tragödie sollte laut Schiller eine historische Handlung mit künstlerischen Mitteln nachgeahmt werden. Im Gegensatz zu anderen Gattungen, so betonte er, vermag das Drama, Handlungen unvermittelt darzustellen – eben *nachzuahmen* –, die Leserinnen und Leser bzw. das Publikum würden dadurch umso stärker auf sie reagieren:

> »Der Begriff der Nachahmung unterscheidet sie [die Tragödie] von den übrigen Gattungen der Dichtkunst, welche bloß erzählen oder beschreiben. In Tragödien werden die einzelnen Begebenheiten im Augenblick ihres Geschehens, als gegenwärtig, vor die Einbildungskraft oder vor die Sinne gestellt; unmittelbar, ohne Einmischung eines dritten. […] [D]er Roman, die einfache Erzählung rücken die Handlung, schon ihrer Form nach, in die Ferne, weil sie zwischen den Leser und die handelnde Person den Erzähler einschieben. Das Entfernte, das Vergangene schwächt aber […] den Eindruck und den theilnehmenden Affekt; das Gegenwärtige verstärkt ihn.«[2]

2 Friedrich Schiller, »Ueber die tragische Kunst«, in: F. S., *Vom Pathetischen und Erhabenen. Schriften zur Dramen-*

Abweichungen von historischen Begebenheiten

Allerdings, so stellte Schiller in einem Brief an seinen Freund Johann Wolfgang Goethe vom 20. August 1799 heraus, geht es bei einer solchen Nachahmung nicht um eine möglichst originalgetreue Wiedergabe historischer Begebenheiten:

> »Ueberhaupt glaube ich, daß man wohl thun würde, immer nur die allgemeine Situation, die Zeit und die Personen aus der Geschichte zu nehmen und alles übrige poetisch frey zu erfinden, wodurch eine mittlere Gattung von Stoffen entstünde welche die Vortheile des historischen Dramas mit dem erdichteten vereinigte.«[3]

Schiller ging es darum, Figuren zu schaffen, die die deutschen Zuschauerinnen und Zuschauer als Vorbilder für die Beschäftigung mit den politischen und gesellschaftlichen Fragen und Diskursen ihrer Zeit nutzen können – wenn nötig auch unter Abweichung von der historischen Vorlage. Das Publikum sollte ausgehend von einem Stück seinen eigenen Denk- und Verhaltensweisen nachgehen, über die eigene politische Situation reflektieren und mögliche Veränderungen und die eigene Rolle darin erörtern. Der

theorie, hrsg. von Klaus L. Berghahn, Stuttgart 2009, S. 39–64, hier S. 58.

3 Friedrich Schiller, Brief vom 20. August 1799 an Johann Wolfgang von Goethe, in: F. S., *Werke und Briefe in zwölf Bänden*, Bd. 12: *Briefe II. 1795–1805*, hrsg. von Norbert Oellers, Frankfurt a. M., 2002, S. 479.

patriotische Autor verstand das Theater als Institution, die dem Publikum Wissen, Prinzipien und patriotische Gefühle vermitteln kann. Er hielt es für möglich, dass das Theater einen Beitrag zum Zusammenwachsen der deutschen Teilstaaten zu einer Nation leisten kann. Ein entsprechend ausgeprägtes Nationalbewusstsein hielt er für unverzichtbar, wenn die Expansionsbestrebungen Frankreichs unter Napoleon, das zur Zeit der Entstehung des Stückes gerade den Zweiten Koalitionskrieg gegen Russland, Österreich und Großbritannien führte, aufgehalten und die Fortdauer des Friedens in Preußen gesichert werden sollte.

Theater soll Patriotismus wecken

Johanna als Identifikationsfigur

Vor diesem Hintergrund lässt sich Johannas Appell, für das »Vaterland« (V. 317) zu kämpfen, auch als Appell an die deutschen Leserinnen und Leser verstehen, sich für ein geeintes Deutschland und gegen mögliche politische Widersacher einzusetzen. Die Identifikationsfigur sollte patriotische Gefühle hervorrufen, politisches Bewusstsein schaffen und zur Verteidigung der deutschen Territorien gegen die vorrückenden französischen Truppen Napoleons anregen. Aus Mangel an deutschen Vorbildern fiel Schillers Wahl auf die französische Jeanne d'Arc, die er durch fiktionale Elemente zur literarischen Jungfrau von Orleans ›umarbeitete‹. Der historischen Figur war es durch ihren Enthusiasmus gelungen, an der Befreiung von Orléans mitzuwirken, den Kampfgeist der französischen Truppen zu befeuern und die englischen Invasoren innerhalb kürzester Zeit zurückzudrängen. Für Deutschland konnte, so glaubten Schiller und andere patriotisch gesinnte Dichter, in absehbarer Zeit ebenfalls eine solche Identifikationsfigur notwendig werden.

Wie aber kann es gelingen, das Publikum zur Selbstreflexion anzuregen? Zentral war für Schiller hierbei, dass ein Stück die Zuschauenden bzw. die Leserinnen und Leser rührte. Die Tragödie sollte zeigen, wie die Figuren durch ihr Umfeld oder durch ihre eigenen Denk- und Verhaltensweisen leiden, und so den Affekt des Mitleids beim Publikum erwecken. Die Bedingung dafür sei, so meinte Schiller, dass die Figuren weder allein »verwerflich[]« seien (das würde abstoßen) noch »vollkommen« (solche Figuren würden nicht leiden), sondern »gemischte[] Karaktere[]«.[4] Das Mitleid wiederum setzt laut Schiller den »Thätigkeitstrieb«[5] in Gang – d. h., das Lese- bzw. Theaterpublikum wird im Hinblick auf die leidvolle dramatisch dargestellte Handlung zur Reflexion über seine eigenen Empfindungen und seine Moral angeregt – eine Tätigkeit der Vernunft, die als lustvoll empfunden wird.

■ Mitleid regt Selbstreflexion an

Schiller benennt den »peinlichen Kampf entgegengesetzter Neigungen oder Pflichten, der für denjenigen, der ihn erleidet, eine Quelle des Elends ist«,[6] als mitleiderregende dramatische Handlung, die das Publikum besonders ergötze. Das Verhältnis von

■ Konflikt zwischen Pflicht und Neigung

4 Schiller (s. Anm. 2), S. 62.
5 Ebd., S. 44.
6 Ebd., S. 40.

Pflicht und Neigung ist für Schiller in seinen philosophischen Schriften von großem Interesse, und es ist von zentraler Bedeutung für den dramatischen Konflikt in *Die Jungfrau von Orleans* (siehe hierzu das Kapitel 6: »Interpretationsansätze« dieses Lektüreschlüssels, S. 86–91). Eine weibliche Figur eignet sich nach Schillers Auffassung am besten für die Darstellung des Handelns aus Neigung, denn Frauen würden ihr Denken und Handeln an ihrer Neigung orientieren.[7]

Literaturgeschichtliche Einordnung

■ Vertreter des Sturm und Drang

1782 betrat Schiller mit seinen *Die Räuber* als letzter Sturm-und-Drang-Dichter die Bühne, die zuvor die Aufführungen der Stücke Friedrich Maximilian Klingers, Goethes und anderer erlebt hatten. Die Dramen des Sturm und Drang, einer Strömung, die zeitlich etwa zwischen 1765 und 1789 verortet wird, zeichnen sich durch eine gefühlsbetonte, bildreiche, bisweilen derbe Sprache aus, durch eine Abkehr von einer strengen Metrik sowie durch Sozialkritik. Schillers Erstling begeisterte das Publikum, weil es seine Kritik an den gesellschaftlichen Missständen scharf zum Ausdruck brachte.

7 Friedrich Schiller, *Kallias oder über die Schönheit*, in: F. S., *Kallias oder über die Schönheit. Über Anmut und Würde*, hrsg. von Klaus L. Berghahn, bibliograph. erg. Ausg., Stuttgart 1994, S. 3–65, hier S. 55.

Anschließend prägte Schiller die spätere literarische Epoche der Weimarer Klassik (1786–1805) maßgeblich mit, der sich auch *Die Jungfrau von Orleans* zuordnen lässt. Zusammen mit seinem Freund Goethe bildete Schiller ein Dichterpaar, das nachhaltig die kunsttheoretischen Prinzipien der Klassik entwickelte und den anderen Autoren zur Nachahmung empfahl. Auch weitere einflussreiche Persönlichkeiten hielten sich zu dieser Zeit in der damaligen kulturellen Hochburg Weimar auf, etwa der Dichter und Philosoph Johann Gottfried Herder (1744–1803) und der Schriftsteller und Übersetzer Christoph Martin Wieland (1733–1813). Anders als in der gefühlsbetonten Sturm-und-Drang-Periode galt es, die Gegensätze von Gefühl und Verstand, von Natur und Geist, miteinander in Einklang zu bringen – dabei orientierte man sich an Prinzipien der Antike. Literatur sollte nicht mehr vornehmlich der Sozialkritik dienen und gesellschaftliche und politische Veränderungen bewirken. Die Schönheit des Kunstwerks und die ästhetische Erziehung des Menschen, der dazu angeleitet werden sollte, Verstand und Gefühl miteinander in Einklang zu bringen, standen im Mittelpunkt. Die (Un-)Vereinbarkeit von Verstand und Gefühl, von Pflicht und Neigung, ist auch das zentrale Thema in *Die Jungfrau von Orleans*. Die freie Form der Dramen des Sturm und Drang wurde in der Klassik abgelöst durch strenge Gestaltungsregeln; üblich sind geschlossene Versdramen und eine vornehme Sprache.

Schiller und die Klassik

Die Jungfrau als klassische vs. romantische Tragödie

Die Jungfrau von Orleans stellt auch Schillers Versuch dar, Elemente der zunehmend an Bedeutung gewinnenden romantischen Epoche in sein klassisches Konzept der Tragödie einzubeziehen. Während für die klassischen Dramenformen noch die Aristotelischen Einheiten (der Handlung, der Zeit und des Ortes) galten, hält sich Schiller nicht an die beiden letzten Grundsätze. Der Dichter wählt einen Handlungszeitraum, der einen Sonnenumlauf weit übersteigt, und er lässt das Kriegsgeschehen an unterschiedlichen Schauplätzen stattfinden. Darüber hinaus hält er sich nicht strikt an das klassische Fünf-Akte-Schema (er stellt den fünf Aufzügen einen Prolog voran), nicht an die gleichmäßige Verteilung der Auftritte auf die Aufzüge und nicht an die Ständeklausel. Schiller greift in seinem Drama auf aus der Antike bekannte Versmaße zurück, um emotional aufgeladenen Reden stärkeren Ausdruck zu verleihen: Er ersetzt den Blankvers des Öfteren durch andere Versmaße wie den antiken Trimeter (siehe dazu auch das Kapitel 4: »Form und literarische Technik«, S. 68 f. dieses Lektüreschlüssels), geht also freier mit der Form seines Dramas um als für die Klassik üblich.

Ein weiteres Element der Romantik ist die Überwindung der Gattungsgrenzen. So enthält die Tragödie lyrische Einlagen und musikalische Untermalungen (vor V. 2518, nach V. 2794), die ihr einen opernhaften Anklang verleihen. Thomas Mann bezeichnete das Drama darum treffend auch als Wort-Oper. Des Weiteren webt Schiller fantastische, übernatürliche

Elemente in den Dramenstoff ein: den »Druidenbaum[]« (V. 93), unter dem Johanna die Erscheinung der Mutter Gottes wahrnimmt (V. 1071–1075), der Auftritt des schwarzen Ritters, dessen Prophezeiungen und mysteriöses Verschwinden (V. 2402 – nach V. 2445), Johannas Weissagungen (z. B. V. 1122–27), ihre Befreiung aus den schweren eisernen Fesseln (nach V. 3478) usw. Ebenso spielt die christliche Religion in dem Stück eine große Rolle. Bereits im vierten Auftritt des Prologs will Johanna den Ruf des Geistes vernommen haben (V. 399). Wenig später bei ihrem ersten Auftritt spornt sie die Soldaten an: »Gott und die Heil'ge Jungfrau führt euch an!« (V. 963) Johanna will ihren Auftrag von der Mutter Gottes erhalten haben (V. 1075), die sich wiederum auf Gott beruft (V. 1079). Johanna wird von Karl und seinen Anhängern als »Göttliche« (V. 1129) verehrt; sie rechtfertigt ihr Handeln mit ihrem göttlichen Auftrag (V. 397–400). Sie versteht die Verleumdung ihres Vaters als göttliche »Prüfung« (V. 3151) und visioniert, bevor sie verstirbt, einen Aufstieg in den göttlichen Himmel (V. 3537–43). In der Romantik spielten Motive aus dem Katholizismus, etwa die Marienverehrung sowie die Sehnsucht nach dem Jenseits, eine große Rolle.

6. Interpretationsansätze

Johanna – ein Glücksfall

Zu Schillers *Die Jungfrau von Orleans* existiert eine Vielzahl von Deutungsvarianten. Das ist nicht verwunderlich, denn nach Schillers eigener Aussage hat ihn die Geschichte der Jeanne d'Arc gerade wegen ihrer Komplexität angezogen: »Ein Stoff wie das Mädchen von Orleans findet sich sobald nicht wieder, weil hier das weibliche, das heroische und das göttliche selbst vereinigt sind.«[8] Johannas innere Konflikte, ihr Schwanken zwischen Pflichterfüllung und Neigung, ihr kompliziertes Verhältnis zu Geschlechterrollen machen sie zu einer vielschichtigen Figur.

Zwischen göttlicher Pflicht und menschlicher Neigung: Johannas Krise

Dramatischer Konflikt: Pflicht vs. Neigung

Schon früh standen die ambivalenten Eigenschaften Johannas im Mittelpunkt der Deutungsversuche der Literaturwissenschaft. Ihr Schwanken zwischen ihrem göttlichen Auftrag und ihrer Zuneigung zu Lionel, das Auseinanderklaffen zwischen Pflicht und Neigung, das den dramatischen Konflikt der Tragödie darstellt, und ihre Entwicklung hin zu einer Figur, die beide miteinander in Übereinstimmung bringt, tragen zur Komplexität der Protagonistin bei.

Johanna wächst fernab der französisch-englisch-burgundischen Kämpfe um die Herrschaft über Frank-

8 Friedrich Schiller, Brief vom 5. August 1803 an August W. Iffland, in: Schiller (s. Anm. 3), S. 668.

reich im ländlichen Dom Remi auf. Sie beobachtet die militärischen Auseinandersetzungen folglich nicht selbst, sondern »hörte« von der englischen Besetzung französischer Gebiete nur »viel und oft / [e]rzählen« (V. 1052 f.). Es mag erstaunen, dass die vom Krieg wenig betroffene Johanna »aufmerksam« (nach V. 162) den Kriegsschilderungen ihres Nachbarn Bertrand folgt und dass ihre erste (Sprach-)Handlung darin besteht, forsch dessen Helm zu fordern. Von nun an brechen Begeisterung (nach V. 301) und fester Glaube an göttliche Hilfe für Frankreich und dessen Sieg (V. 315–327) aus ihr heraus. Im letzten Auftritt des Prologs erfährt das Publikum den Grund dafür: Sie will eine göttliche Stimme (die sie später als die der Mutter Gottes konkretisiert, V. 1075) vernommen haben, die sie zur Teilnahme am Krieg aufgefordert sowie ihr Verbote erteilt hat: Sie darf keinen Mann lieben und heiraten und kein Kind gebären (V. 409–414). Ziel von Johannas Mission ist die Befreiung Frankreichs und Reims' von den Engländern und die Krönung Karls zum König von Frankreich (V. 419–424).

■ Abgeschiedenheit von Politik und Krieg

■ Göttlicher Auftrag

Johanna begreift sich als Untergebene Gottes, dessen Auftrag sie völlig vereinnahmt: Verhandelt sie mit den militärischen Befehlshabern, so empfindet sie ihre Worte nicht als ihre eigenen, sondern erlebt sich als göttliches Sprachrohr (V. 1723). Im Gespräch mit Montgomery betont sie, dass sie nicht aus eigenem Willen tötet: »ich muss – mich treibt die Götterstimme, nicht / Eignes Gelüsten« (V. 1660 f.). Sie ist überzeugt, dass Gott ihr zur Erfüllung ihres Auftrags

■ Fremdbestimmung

Fähigkeiten und Wissen – Redegewandtheit, Einsicht in politische Zusammenhänge, kämpferische Stärke und Unbarmherzigkeit – verleiht, über die sie zuvor nicht verfügt hat (V. 1677–86, 1788–98).

Noch deutlicher beschreibt Johanna ihr Selbstverständnis, ein Werkzeug Gottes zu sein, im Gespräch mit Karl, in dem sie von sich als »Gefäß« (V. 2248), d. h. als sinnlich wahrnehmbares Behältnis göttlicher Kraft spricht. Es ist der göttliche Auftrag, der sie, wie die Metapher des Gefäßes anschaulich macht, gänzlich ausfüllt. Solange Johanna den Auftrag Gottes erfüllen muss – und das muss sie, wie sie andeutet, ihr ganzes (irdisches) Leben lang (V. 1666 f.) – ist es ihr verwehrt, ihre eigenen Wünsche und Fähigkeiten (weiter) zu entwickeln. Sie ist vollkommen fremdgesteuert. Neigungen, etwa die Liebe zu einem Mann, wie sie der Vater Johannas bereits im Prolog als natürlich für Frauen ihres Alters erachtet (V. 58 f.), verspürt sie zunächst nicht und empört sich heftig, als der König ihr voraussagt, sie werde sich einmal verlieben (V. 2257–59).

Keine eigenen Neigungen

Als Johanna auf die übernatürliche Erscheinung des schwarzen Ritters stößt, werden ihre Zuversicht und ihr Selbstvertrauen kurzfristig erschüttert. Trotzig widerspricht sie seinen Warnungen und besteht darauf, ihren Auftrag bis zum siegreichen Ende zu führen – jedoch zeigt sie sich auch erstaunt und muss sich fassen (nach V. 2445). Wenig später steht Johanna Lionel gegenüber, und sie stürzt in einen abgrundtiefen Konflikt: Bei seinem Anblick entwickelt sie plötzlich

Beginn der Verunsicherung

doch eine Neigung, die mit ihrer göttlichen Pflicht völlig unvereinbar ist: Sie hat sich in den Feind verliebt. Sie missachtet nicht nur das göttliche Liebesverbot, sondern auch das Gebot, unter den Engländern »[d]en Tod [zu] verbreiten« (V. 1663). Diese Entwicklung wurde häufig als Versuch ›weiblicher Selbstverwirklichung‹ interpretiert, entspricht es doch der traditionellen Geschlechterrolle, dass Frauen häufig ihren Gefühlen folgen und sich nach partnerschaftlicher Liebe sehnen. Doch stürzt die unwillkürliche Liebe zu Lionel Johanna in tiefe Verzweiflung. Sie schwankt zwischen Selbstvorwürfen und Kritik am göttlichen Auftrag (V. 2568–2613). Nunmehr dominiert Johannas eigene Persönlichkeit: Sie zeigt sich als fühlend und zweifelnd und wünscht sich, ihre Liebe nicht verstecken zu müssen (V. 2685–88).

Pflicht vs. Liebe

Thibaut stürzt seine Tochter noch tiefer in die Krise, indem er sie bezichtigt, sich mit dem Teufel verbündet zu haben. Johanna schweigt beharrlich, obwohl sie dazu aufgefordert wird, sich gegen die Vorwürfe zu verteidigen, und flieht nach der Verbannung durch den König mit Raimond kommentarlos aus dem Krönungsort. Wie sich rückblickend herausstellen soll, hat sie bereits zu diesem Zeitpunkt ihre Selbstsicherheit und ihr Gottvertrauen zurückgewonnen. Sie schwieg, wie sie Raimond auf ihrer Flucht erläutert, weil sie von einer göttlichen »Schickung« (V. 3156), einer »Prüfung« (V. 3151) ausgeht, die sie ohne Gegenwehr akzeptieren will. Ihrer Rehabilitierung ist sie gewiss, und es gelingt ihr, Neigung und

Anklage als göttliche Prüfung

Lösung des Konflikts

Pflicht miteinander in Einklang zu bringen, indem ihre Liebe zu Lionel zum Erliegen kommt. Sie verspürt nun selbst den Wunsch, Frankreich zum Sieg zu verhelfen, und erscheint sich nicht mehr gegen ihren Willen und ihre Natur von Gott fremdgesteuert. So betont sie nach ihrer Festnahme, dass es ihr eigener »Wunsch« (V. 3392) sei, sich aus englischer Gefangenschaft zu befreien, um für Frankreich in die Schlacht zu ziehen, und richtet den »heiße[n] Flehenswunsch« (V. 3464) an Gott, ihre Ketten zu sprengen, damit sie daran teilnehmen kann.

Johanna als »schöne Seele«

Damit entspricht Johannas Entwicklung der Ausbildung einer »schönen Seele«, einer Idee, die Schiller in seiner philosophischen Abhandlung *Über Anmut und Würde* (1793) näher ausführt. Darin schreibt er:

> »Eine schöne Seele nennt man es, wenn sich das sittliche Gefühl aller Empfindungen des Menschen endlich bis zu dem Grad versichert hat, dass es dem Affekt die Leitung des Willens ohne Scheu überlassen darf und nie Gefahr läuft, mit den Entscheidungen desselben im Widerspruch zu stehen.«[9]

Die für Schiller ideale psychische Beschaffenheit der »schönen Seele« ist dann erreicht, wenn sich ein Mensch in Situationen, in denen er sich nicht von seiner Vernunft, sondern von seinen »Affekten«, seinen Gefühlen und Trieben, leiten lässt, sicher sein kann,

9 Friedrich Schiller, *Über Anmut und Würde*, in: Schiller (s. Anm. 7), S. 69–136, hier S. 111.

dass er seine moralischen Grundsätze einhält und sein Pflichtgefühl nicht verletzt. »In einer schönen Seele ist es also, wo Sinnlichkeit und Vernunft, Pflicht und Neigung harmonieren.«[10] Johannas Entwicklung lässt sich als allmähliche Heranbildung einer solchen »schönen Seele« verstehen. Zählt für sie zunächst allein die Pflicht, der göttliche Auftrag zur Rettung Frankreichs, erlebt sie, ganz zu ihrer Verzweiflung, plötzlich eine entgegengesetzte Neigung, die handlungsbestimmend wird: Sie verschont den feindlichen Lionel, in den sie sich verliebt hat. Klaffen Gefühl und Vernunft hier noch eklatant auseinander, steht am Ende von Johannas Entwicklung ihre »schöne Seele«. Ihre Gefühle für Lionel kommen zum Erliegen; ihre göttliche Pflicht entspricht nun ausnahmslos ihrer Neigung: Es ist ihr persönlicher Wunsch, Frankreich zum Sieg gegen England zu führen; sie kann sich ganz von ihrem Enthusiasmus leiten lassen, ohne dass dieser im Widerspruch zu ihrer Pflicht stünde.

Patriarchale Geschlechterrollen: Johannas Unangepasstheit

Die Jungfrau von Orleans entstand nicht nur in einer Zeit, in der es Schiller angesichts der Expansionsbestrebungen Napoleons sinnvoll erschien, in der Bevölkerung des (in eine Vielzahl von Herrschaftsgebieten untergliederten) Preußens ein Nationalbewusstsein

10 Schiller (s. Anm. 9).

zu wecken. Es entstand auch vor dem Hintergrund des gesellschaftlichen Diskurses über Frauenrechte. Im Zuge der Freiheitsbestrebungen der Französischen Revolution kam es zu ersten Emanzipationsbestrebungen von Frauen. Frauen traten in Frankreich an, um für die Gleichheit von Mann und Frau zu kämpfen (unter anderem die Schriftstellerin Olympe de Gouges, 1748–1793). Hatte sich die rechtliche Stellung der Frau in Frankreich während der Revolutionsjahre etwas gebessert, stellte das spätere Gesetzeswerk Napoleons, der 1804 eingeführte Code civil (auch: Code Napoléon) einen Rückschritt dar: Frauen galten als unmündig und waren ihrem Vater oder Ehemann unterstellt. Dieses gesellschaftliche Problem dürfte sich auch auf Schillers Drama ausgewirkt haben, in dem Geschlechterrollen ein zentrales Thema sind.

Diskurs: Rechte der Frau

In den letzten Jahrzehnten rückte der Einfluss des Patriarchats auf Johanna ins Zentrum der wissenschaftlichen Auseinandersetzung mit dem Stück. Schon im Prolog wird die patriarchale Gesellschaftsstruktur durch das Handeln Thibauts deutlich. Er arrangiert die Ehen seiner Töchter, durch die sie geschützt und finanziell abgesichert werden sollen. Auch die politische und militärische Sphäre sind patriarchal geprägt: Als Oberhaupt Frankreichs kommt nur ein Mann infrage; um die französische Krone kämpfen ausschließlich männliche Feldherren, Offiziere und Ritter.

Patriarchat

Mit der patriarchalen Gesellschaftsordnung gehen bestimmte Erwartungen an Frauen einher. »Bittend

Weibliches Rollenbild

will ich ihre Knie / Umfassen, um mein Leben flehn, sie ist ein Weib, / Ob ich vielleicht durch Tränen sie erweichen kann!« (V. 1577–79), beschließt Montgomery vor seiner Begegnung mit Johanna, und bittet sie schließlich »bei der Milde [ihr]es zärtlichen Geschlechts« (V. 1606) um Schonung. Frauen, so zeigt sich beispielsweise hier, werden als sanftmütiger und mitfühlender als Männer erachtet. So gelten Frauen auch als diejenigen, die für Liebe einfacher empfänglich sind: »O sei ein Weib und du wirst Liebe fühlen!« (V. 2643), appelliert Agnes Sorel an Johanna. Wie der Erzbischof ausführt, gilt es als Hauptaufgabe der Frau, ihren Ehemann zu lieben: »Dem Mann zur liebenden Gefährtin ist / Das Weib geboren« (V. 2205 f.).

■ Sanftmut und Mitleid

■ Höchste Pflicht: Liebe zum Ehemann

Deutlich wird ebenfalls, dass Johanna diesen Rollenerwartungen nicht entspricht: Sie widersetzt sich Thibauts Erwartung, Raimond zu heiraten, interessiert sich ganz allgemein nicht für eine Partnerschaft, was bei Thibaut den Verdacht auf »eine schwere Irrung der Natur« (V. 62) aufkommen lässt. Er missbilligt ihre Gefühlskälte (V. 63), die nicht zum traditionellen weiblichen Rollenbild passt. In krassem Widerspruch zur Milde, zum Mitleid und zur Beschränkung aufs familiäre Leben, wie sie von Frauen erwartet werden, steht Johannas Rolle als »Kriegerin des höchsten Gottes« (V. 2203), die ihre Familie verlässt, um skrupellos gegen die Engländer zu kämpfen. Die erste Niederlage gegen Johanna empfindet Lionel als »lächerlich[ ]« (V. 1241), weil sie ihm von »einem Weibe« (V. 1244) beigebracht wurde, und Talbot fragt

■ Johanna entspricht Geschlechterrolle nicht

■ Brutale Kriegerin

Abb. 8: *Der Einzug Jeanne d'Arcs in Orléans* (1887). Gemälde von Jean-Jacques Scherrer

nach einem weiteren Schlag gegen England ungläubig: »Ein Weib entriss mir allen Siegesruhm?« (V. 1548) Auch Männer aus den eigenen Reihen machen Johanna deutlich, dass sie ihr kriegerisches Auftreten als untypisch für eine Frau erachten: Sie versuchen vergeblich, Johanna zu überreden, bloß die Fahne zu tragen, statt mit dem Schwert zu kämpfen (V. 1509 f.). Der Erzbischof deutet Johannas Kampfgeist sogar als vorübergehende Leugnung ihrer Weiblichkeit (V. 2208–12).

Johanna will ihren göttlichen Auftrag von der Mutter Gottes, der Jungfrau Maria erhalten haben. Diese habe sie deshalb für den göttlichen Auftrag der Rettung Frankreichs auserwählt, weil nur eine »keusche Magd« (V. 1090) dazu imstande sei, »jedwedes Herrliche auf Erden« (V. 1088) zu vollbringen. Damit wird Johannas Rettung Frankreichs in Analogie zur wundersamen jungfräulichen Geburt Jesu gebracht. Die strenge Vorgabe, an die Johannas Auftrag folglich geknüpft ist, ist die, ihre Jungfräulichkeit zu bewahren: Sie darf keine sexuelle Beziehung, keine Ehe führen und keine Kinder gebären (V. 411–414). Johanna beharrt zunächst auf diesen Vorgaben. Dem patriarchalischen Anspruch an Frauen, einem Mann als »liebende[] Gefährtin« (V. 2205) zu dienen, wird sie folglich nicht gerecht. Wie sehr diese Rollenerwartung die Gesellschaft prägt, wird deutlich, als mehrere Figuren Johannas Zölibat als bloß vorübergehende Abweichung von der Norm verstehen: Als Johanna mit Dunois und La Hire zwei »treffliche Bewerber« (V. 2174)

■ Zölibat statt Ehe

um ihre Hand zurückweist, sagen ihr sowohl der Erzbischof als auch Karl voraus, dass sie ihr unkonventionelles Verhalten nach der Erfüllung des göttlichen Auftrags ablegen und ihrer weiblichen Geschlechterrolle entsprechen wird (V. 2208–12, V. 2236–46).

Johannas Kampfgeist und ihre Überzeugung, zu »Neigung [...] zu dem ird'schen Mann« (V. 2259) nicht fähig zu sein, enden vorläufig mit dem Blick in Lionels Gesicht. Diese unvorhergesehene Entwicklung ist als plötzlicher Ausbruch ihrer Weiblichkeit gedeutet worden: Handlungsleitend wird nun ihre Liebesfähigkeit als ›typisch weibliche‹ Charaktereigenschaft. Doch löst sich der Konflikt, der sich für Johanna daraus ergibt, dass sich ihre ›weibliche‹ Neigung nicht mit ihrem göttlichen Auftrag vereinbaren lässt, rasch auf: Bei ihrer nächsten Begegnung mit Lionel ist ihre Liebe zu ihm bereits vollständig abgeklungen, er ist ihr »[d]er Feind [...], der verhasste« (V. 3349). Statt sich der weiblichen Geschlechterrolle weiter anzunähern, nimmt Johanna wieder die Rolle der kriegerischen Jungfrau an, wie ihre Entscheidung, uneingeschränkt für »[ihr] Volk« (V. 3418) einzutreten, deutlich macht.

■ Annäherung an weibliche Geschlechterrolle

Betrachtet man die Geschlechterrollen, die das Denken der Figuren des Dramas genauso prägen wie, in der außerfiktionalen Realität, die Gesellschaft zu Jeanne d'Arcs, aber auch zu Schillers Zeiten, so wird deutlich, dass Schiller mit Rollenerwartungen spielt: Entwirft er Johanna zunächst in Abgrenzung zum vorherrschenden weiblichen Rollenbild, lässt sich der Höhepunkt des Stückes, ihre Verschonung Lionels

■ Spiel mit Rollenerwartungen

aus Liebe, als Annäherung an ebendieses Rollenbild verstehen. Es gehört zur Komplexität der Figur, dass sie sich der Geschlechtskategorie Frau und den an diese geknüpften gesellschaftlichen Erwartungen nicht eindeutig zuordnen lässt, die Zuschreibung sogar selbst verweigert: »Nenne mich nicht Weib. / Gleichwie die körperlosen Geister, die nicht frein / Auf ird'sche Weise, schließ ich mich an kein Geschlecht / Der Menschen an« (V. 1608–11).

Agnes Sorel und Königin Isabeau bilden im Hinblick auf ihr jeweiliges Verhältnis zur weiblichen Geschlechterrolle interessante Kontrastfiguren zu Johanna. Agnes Sorel ist die Frauenfigur des Stückes, die den weiblichen Rollenerwartungen wohl am stärksten gerecht wird. Ihr starkes Empfinden für ihren Geliebten, Karl, bringt sie mit viel Pathos zum Ausdruck: »O es ist schön, von einem Helden sich geliebt / Zu sehn – es ist noch schöner, ihn zu lieben!« (V. 2651 f.) Auch zeigt sie starkes Mitgefühl und Sanftmut: Immer wieder versucht sie, in heiklen sozialen Angelegenheiten zu vermitteln; die vielen Ausrufe, die ihre Rede prägen, unterstreichen ihre Emotionalität: »O lass ihn nicht im Zorne von dir gehen!« (V. 861), versucht sie etwa den Streit zwischen Karl und Dunois zu schlichten. Ihre Bereitschaft, ihren gesamten Besitz in die militärischen Angelegenheiten ihres Geliebten zu investieren, ihm ihre Lebensgrundlage »froh [zu] []opfer[n]« (V. 634), entspricht den gesellschaftlichen Rollenerwartungen der sich ihrem Mann vollkommen verschreibenden Frau.

■ Sorel: Inbegriff ›weiblichen Verhaltens‹

Isabeaus unberechenbare Emotionalität

Königin Isabeau weist zwar eine ähnliche Kriegslust auf wie ihre Gegenspielerin Johanna – und entspricht in dieser Hinsicht ebenso wenig der weiblichen Geschlechterrolle. Doch wird sie als Figur gezeichnet, die sich, wie es dem Rollenbild der Frau entspricht, stark von ihren Emotionen leiten lässt: Ähnlich einer »Furie« (V. 1368) will sie sich an ihrem Sohn rächen. Anders als Johanna, die zunächst aus göttlicher Verpflichtung handelt, folgt Isabeau einzig ihren Gefühlen, die sie jedoch allein angesichts ihrer eigenen Lebensumstände verspürt: *Mit*leid mit ihrem Sohn, mit ihrem Mann, den sie, ihre weibliche Ehepflicht vernachlässigend, betrog, und mit ihrer Gefangenen Johanna zeigt sie nicht. Sowohl zu Lebzeiten Jeanne d'Arcs im ausgehenden Mittelalter als auch zur Entstehungszeit des Stückes um 1800 befürchteten Männer wegen der angeblich sprunghaften Emotionalität der Frau, dass sich Frauen verstärkt politisch engagieren könnten. Königin Isabeau verkörpert nicht das Idealbild der mitleidigen, treu liebenden Frau, sondern die ›Kehrseite‹ der von starken Emotionen geleiteten, unberechenbaren Rasenden.

7. Autor und Zeit

Friedrich Schiller wurde am 10. November 1759 als Sohn eines Offiziers in Marbach am Neckar geboren. Da Schiller später ein Theologiestudium beginnen wollte, besuchte er seit 1767 die Lateinschule in Ludwigsburg. Auf Anordnung seines Landesherrn, des Herzogs von Württemberg Karl Eugen, wechselte er jedoch von 1773 bis 1780 an die sogenannte Militär-Pflanzschule (später: Hohe Karlsschule), eine Eliteschule, die zunächst auf Schloss Solitude in der Nähe von Stuttgart, später in Stuttgart selbst ihren Sitz hatte. Dem jungen Schiller gefiel weder der militärische Drill noch die Trennung von seiner Familie. Statt der Theologie studierte er an dort nunmehr zunächst Jura und dann Medizin. Auch erhielt er Philosophieunterricht und las verbotenerweise heimlich Texte Gotthold Ephraim Lessings, William Shakespeares und Johann Wolfgang Goethes. Dabei entdeckte er sein Interesse an der Schriftstellerei. Zwischen 1780 und 1782 leistete er zwei Jahre lang Militärdienst als Regimentsarzt.

■ Schillers Kindheit und Ausbildung

Die Erfahrungen an der Karlsschule und beim Militär verstärkten in ihm den Wunsch, sich gegen die Vorschriften aufzulehnen. Schiller brachte dieses Begehren in seinen literarischen Texten zum Ausdruck. 1781 verfasste er sein erstes Drama *Die Räuber*, das zu Beginn des darauffolgenden Jahres am Nationaltheater in Mannheim uraufgeführt wurde. Der Autor besuchte unerkannt die Aufführung. Der rebellische

Protagonist Karl schließt sich darin, vom Vater zu Unrecht verbannt, einer Räuberbande an, von der er sich erhofft, dass sie seinen Freiheits- und Tatendrang befriedigen kann. Ein weiterer Besuch in Mannheim ohne Urlaubserlaubnis brachte Schiller zwei Wochen Arrest ein. Er nutzte die Zeit, um an seinem Zweitwerk *Die Verschwörung des Fiesko zu Genua* (1783) zu arbeiten und Pläne für weitere Stücke zu entwerfen. Der riesige Erfolg von *Die Räuber* rief Herzog Karl Eugen auf den Plan, der ihm ein Schreibverbot erteilte und ihm mit Festungshaft drohte, falls er seine Aktivitäten nicht einstellen würde. Schiller entschloss sich, nach Mannheim zu fliehen, um seine schriftstellerische Tätigkeit unbehelligt fortsetzen zu können. Dort fiel jedoch sein Zweitwerk durch. Aus Angst vor weiterer Verfolgung durch den Herzog versteckte er sich im thüringischen Bauerbach. Hier begann er mit seinen Vorarbeiten an dem bürgerlichen Trauerspiel *Luise Millerin* (1784), das später mit *Kabale und Liebe* betitelt wurde, und dem *Don Karlos*, der erst 1787 fertiggestellt wurde. In allen vier genannten Stücken setzte er sich mit den politischen Missständen im Herzogtum Württemberg auseinander. Er übte scharfe Kritik an der Willkürherrschaft und Verschwendungssucht des württembergischen Herzogs: Um sein luxuriöses höfisches Leben finanzieren zu können, ließ dieser Tausende von Landeskindern als Söldner verkaufen. Schiller begriff sich mit seinen Werken als ein Vorkämpfer, der für Individualität, freie Entfaltung von Gefühlen statt einer Überbetonung von Vernunft und für politische Freiheit plädierte. Mit seinen vier Werken beschloss Schiller die Epoche des Sturm und Drang (siehe zur Epoche das Kapitel 5: »Quellen und Kontexte«, S. 82).

■ Dramen des Sturm und Drang

Schiller kehrte 1783 nach Mannheim zurück, wo er hoffte, am Nationaltheater angestellt zu werden. Allerdings kam es zu Problemen mit dem Intendanten Dalberg, der wenig Interesse am Trauerspiel *Die Verschwörung des Fiesko zu Genua* zeigte. Von 1783 bis 1784 bekleidete Schiller den Posten des Theaterdichters in Mannheim; sein Vertrag wurde von Dalberg jedoch nicht verlängert. Um seinen Lebensunterhalt bestreiten zu können, schrieb er in dieser Zeit Kriminalgeschichten, die von einem breiten Publikum gelesen wurden. Schiller widmete sich auch theoretischen Schriften zum Theater, doch seine finanzielle Situation besserte sich dadurch nur sehr wenig.

■ Schiller als Theaterdichter in Mannheim

1785 zog er zu seinem Freund Christian Gottfried Körner (1756–1831) nach Leipzig und später nach Dresden. Da Schiller seit einigen Jahren ein karges Gehalt von Herzog Carl August von Weimar bezog, siedelte er 1787 nach Weimar über. Er hatte gehofft, dort auch auf Goethe zu treffen. Aber seine Hoffnung wurde enttäuscht, Goethe weilte in Italien. Von den anderen in Weimar lebenden Dichtern wurde er freundlich aufgenommen. Auf den im selben Jahr vollendeten *Don Karlos* folgten zahlreiche ästhetische und historische Schriften. 1789 erhielt Schiller aufgrund der Fürsprache Goethes eine – zunächst unbezahlte – Geschichtsprofessur in Jena.

■ *Don Karlos*

Abb. 9: Porträt Schillers von Gerhard von Kügelgen (1808/09)

Heirat und Kant-Studien

1790 wurde vor allem in privaten Dingen ein erfolgreiches Jahr für Schiller. Nachdem ihm ein Gehalt vom Weimarer Herzog zugestanden wurde, konnte er endlich Charlotte von Lengefeld, die er bereits 1787 kennengelernt hatte, heiraten und sich in Jena niederlassen. Doch seine Professur konnte er nicht lange ausüben, da er sich eine schwere Erkrankung, vermutlich Tuberkulose, zuzog, von der er sich nie wieder richtig erholen sollte. Nur eine großzügige finanzielle Zuwendung des Prinzen Friedrich Christian von Schleswig-Holstein-Sonderburg-Augustenburg sicherte ihm und seiner Familie die Lebensgrundlage.

Im Februar des darauffolgenden Jahres beschäftigte er sich mit den Schriften Kants. Es folgten kleinere und größere Abhandlungen zu künstlerischen und philosophischen Fragen. Schwere Erkrankungen schwächten ihn jedoch in den nächsten Jahren immer wieder.

1788 hatten sich Schiller und Goethe das erste Mal näher kennengelernt; das Treffen war jedoch relativ kühl und distanziert verlaufen. In den nächsten Jahren gestaltete sich das Verhältnis der beiden zueinander ähnlich. Das änderte sich, als sie sich 1794 erneut persönlich trafen. Diese Begegnung führte zu einer engen zehnjährigen Dichterfreundschaft und zu einem intensiven Austausch über literarische und philosophische Fragen. Das wichtigste Vorhaben der beiden Dichterfürsten war die Schaffung einer deutschen Nationalliteratur. Sie sollte sich an den Prinzipien der Antike (Schönheit, Vollkommenheit, Harmonie und Humanität) orientieren. Goethes *Iphigenie auf Tauris* (Prosafassung 1779, Drama 1787) ist in besonderer Weise von diesen Prinzipien geprägt.

■ Freundschaft zwischen Schiller und Goethe

Auch Schiller schrieb zahlreiche Werke, die der klassischen Kunstvorstellung verpflichtet waren. In rascher Folge verfasste er seine ›großen‹ Geschichtsdramen, beginnend mit der *Wallenstein-Trilogie*: *Wallensteins Lager* (1798), *Die Piccolomini* und *Wallensteins Tod* (beide 1799). Es folgten *Maria Stuart* (1800) und *Die Jungfrau von Orleans* (1801). Danach erschienen *Die Braut von Messina* (1803) und *Wilhelm Tell* (1804). 1804 begann er mit dem *Demetrius*, der jedoch unvollendet blieb.

■ Schillers große Dramen der Klassik

Weitere literarische Produktionen Schillers

Goethe und Schiller schrieben jedoch nicht nur zahlreiche Dramen und Erzählungen, sondern auch viele Gedichte. 1797 verfassten die beiden eine Vielzahl von Balladen, so dass dieses Jahr als Balladenjahr Eingang in die Annalen gefunden hat. Des Weiteren gaben sie Zeitschriften (Schiller *Die Horen*, Goethe die *Propyläen*) heraus, in denen sie ihre literarische Tätigkeit erläuterten und kommentierten, kunsttheoretische Überlegungen anstellten sowie ihre Dichtungen veröffentlichten. 1796 erschien zudem eine Sammlung der von Schiller und Goethe verfassten *Xenien.* Es handelt sich um kurze Gedichte, in denen sie vor allem am damaligen Literaturbetrieb polemisch Kritik übten.

Ab etwa 1804 lebte Schiller mit seiner Familie in materieller Sicherheit. Doch er konnte seinen bescheidenen Wohlstand nicht mehr richtig genießen, weil er erneut schwer erkrankte. Am 9. Mai 1805 starb Friedrich Schiller in Weimar und wurde auf dem dortigen Jacobsfriedhof beigesetzt. Bei einer Exhumierung anlässlich der Überführung seiner Gebeine in die Weimarer Fürstengruft konnten diese nicht mehr eindeutig identifiziert werden. Inzwischen ist sicher, dass sich in dem Sarg, der 1827 in die Fürstengruft zu Weimar gebracht wurde, nicht Schillers Leiche befand. Goethe wurde nach seinem Tode 1832 ebenfalls in der Fürstengruft aufgebahrt. Lange Zeit ging man davon aus, dass er an der Seite seines Freundes ruhe.

Tod Schillers und der Verbleib seiner Leiche

8. Rezeption

Die romantische Tragödie *Die Jungfrau von Orleans* wurde am 11. September 1801 in Leipzig uraufgeführt. Schiller musste von Weimar nach Leipzig ausweichen, weil der Herzog von Sachsen-Weimar-Eisenach bei einer Aufführung Schwierigkeiten befürchtete. Die Mätresse des Fürsten, eine bekannte Schauspielerin, sollte die Rolle der Hauptfigur übernehmen. Die auch im Herzogtum bekannte Satire Voltaires über Jeanne d'Arc hätte die Schauspielerin in Verruf bringen können, was sich negativ auf den Ruf des Fürsten ausgewirkt hätte.

Das Leipziger Publikum brach am Ende der Aufführung in grenzenlose Begeisterung aus. Von seinem Erfolg konnte sich der Autor selbst bei der dritten Aufführung überzeugen. Bis weit in die zweite Hälfte des 19. Jahrhunderts hinein gehörte *Die Jungfrau von Orleans* zu den am häufigsten gespielten Stücken Schillers. Zeitgenössische Rezensenten äußerten sich ebenfalls lobend und zollten dem Autor Anerkennung für seine Experimentierfreudigkeit. Selbst Goethe habe gemeint, dass es sein bestes Stück sei, schreibt Schiller an seinen Freund Christian Gottfried Körner (1756–1831), der später die ersten Gesamtausgabe Schillers verantwortete. Auch der Schriftsteller und Übersetzer Christoph Martin Wieland (1733–1813) fand anerkennende Worte für die Tragödie.

■ Begeisterung des zeitgenössischen Publikums

Schillers Dichterkollegen, die der romantischen Strömung angehörten, teilten die Zustimmung des

Verhaltene Aufnahme durch die Romantiker

Publikums nicht. Das Urteil August Wilhelm Schlegels (1767–1845) war geteilt. Einerseits begrüßte er, dass Schiller die Figur der Jeanne d'Arc positiv gezeichnet hatte. Andererseits kritisierte er, dass Schiller so frei mit der historischen Vorlage umgegangen sei. Diesen Einwand formulierten auch Ludwig Tieck (1773–1853) und Clemens Brentano (1778–1842). Ihnen ging auch das oft irreale und unheimliche Geschehen auf der Bühne zu weit. Sie stimmten mit Schlegel ferner darin überein, dass durch den Einsatz theatralischer Mittel wie der Licht- und Akustikeffekte die Grenzen des Genres überschritten würden. Die Tragödie wurde in der zweiten Hälfte des 19. Jahrhunderts seltener gespielt, besonders weil Schillers Intention (Stärkung des Nationalbewusstseins) für die Zuschauerinnen und Zuschauer wenig relevant war: Die Napoleonischen Kriege waren Vergangenheit, ebenso war die Revolution 1848/49 gescheitert. Hinzu kam das nicht mehr zeitgemäße Pathos, das in Schillers Stück dominiert.

Aktuelle Inszenierungen

Auch wenn die Themen der Tragödie und Schillers Anspruch, mit dieser den Patriotismus des Publikums zu befeuern, nicht mehr zeitgemäß erscheinen mögen, wird es nach wie vor inszeniert. Einige Regisseurinnen und Regisseure bleiben nah an der Vorlage, indem sie Johanna als Freiheitskämpferin und Patriotin auftreten lassen. Andere Inszenierungen entfernen sich vom Original und versetzen Johanna in die unmittelbare Gegenwart, wo sie als Ikone verehrt wird, die Ruhm und Ansehen erlangt hat und zum

Abb. 10: Ingrid Bergman in der Rolle der verurteilten Jeanne d'Arc in Victor Flemings *Joan of Arc* (1948) – © akg-images / Album / United Artists

Vorbild von zahlreichen Menschen geworden ist. Man könnte sie mit einer Influencerin vergleichen. Darüber hinaus wird sie als Wundertrainerin dargestellt, der es immer gelingt, die Trainierten zu noch mehr

Leistungsbereitschaft anzuspornen und Besonderes zu leisten. Andere Inszenierungen deuten Johanna als Diva oder konzentrieren sich auf ihre Umwelt, auf die Sehnsucht der Menschen nach einer Heilsbringerin.

Theaterstücke im 20. Jahrhundert

Eine Neukonzeption des Jeanne-d'Arc-Stoffs legte 1923 George Bernard Shaw (1856–1950) mit *Saint Joan* (dt. *Die heilige Johanna*) vor. Grundlage seines Stücks sind die Protokolle der Inquisitionsprozesse gegen Jeanne aus den Jahren 1430/31. Shaw lehnte Schillers Veränderungen der historischen Zusammenhänge in *Die Jungfrau von Orleans* ab. Er gestaltete seine »Saint Joan« als engagierte französische Freiheitskämpferin, die dem Adel und der Kirche zu mächtig geworden war und bei der Bevölkerung zu viel Zuspruch fand. Deshalb musste sie am Ende auf dem Scheiterhaufen sterben. Shaw lässt Joan am Ende seines Stücks in einem Traum Karls erscheinen, in dem sie daran verzweifelt, dass die Menschheit nicht dazu in der Lage ist, eine Heilige wie sie aufzunehmen.

Bertolt Brechts (1898–1956) *Die heilige Johanna der Schlachthöfe*, das 1931 erschien, jedoch erst 1959 uraufgeführt wurde, spielt 1929/30 in den Schlachthöfen des großindustriellen Chicago. Indem er immer wieder Bezug auf Schillers Stück nimmt, beschreibt Brecht den Versuch der während der Weltwirtschaftskrise notleidenden Arbeiter, die kapitalistischen Bosse durch einen Streik dazu zu zwingen, für eine Verbesserung ihrer materiellen Situation zu sorgen. Brechts Johanna Dark ist fest davon überzeugt, dass der Arbeitskampf ohne gewalttätigen Widerstand beigelegt werden kann. Sie scheitert mit ihrem Lösungsversuch und wird von den Fleischproduzenten für ihre Intentionen vereinnahmt; die Ausbeutung setzt sich fort.

1953 legte Jean Anouilh (1910–1987), französischer Autor und Dramatiker, mit *l'Alouette* (dt. *Jeanne oder die Lerche*) eine weitere Deutung des Jeanne-d'Arc-Stoffes vor. Anouilh entwarf ein ›Spiel im Spiel‹: Die Rahmenhandlung bildet der Gerichtsprozess gegen Jeanne; dieser wird immer wieder durch ›Spiel-Szenen‹ unterbrochen, in denen Ereignisse aus ihrem Leben nachgestellt werden. Die selbstbewusste und den Stimmen vertrauende Jeanne macht dem Menschen Mut, gegen alle Mächte der Welt er selber zu sein.

Der älteste Film, der sich mit dem Leben der historischen Jeanne d'Arc auseinandersetzt, ist der französische Stummfilm von Carl Theodor Dreyer (1889–1968) aus dem Jahr 1928. Er trägt den Titel *La Passion de Jeanne d'Arc* (dt. *Die Passion der Jungfrau von Orléans*). Der Film zeigt zum überwiegenden Teil die Befragung Jeanne d'Arcs durch die Richter. Am Ende stehen Jeannes Verbrennung auf dem Scheiterhaufen und die Niederschlagung eines Volksaufstandes. Der Film beansprucht, Jeannes Leben möglichst realitätsnah abzubilden: Die Zwischentitel stammen aus den Prozessakten, die Kostüme sind der historischen Mode nachempfunden. Dreyer beschränkt sich auf ein einziges Thema: die psychische Disposition und die Denk- und Verhaltensweisen der jungen Jeanne. Dem Regisseur gelingt es, falsches Pathos und Senti- ■ Filme mentalität zu vermeiden, und hält sich streng an die historischen Fakten.

Bekannt wurde die Verfilmung *Joan of Arc* des US-amerikanischen Regisseurs Victor Fleming (1889–1949) von 1948 mit Ingrid Bergman in der Hauptrolle. Der Film zeigt das Leben der Johanna von Orleans von ihrer Berufung bis zu ihrer Verbrennung auf dem Scheiterhaufen. Vor allem dem Prozess wird im Film viel Zeit gewidmet.

1999 brachte der französische Regisseur Luc Besson (geb. 1959) *The Messenger: The Story of Joan of Arc* (dt. *Johanna von Orleans*) ins Kino. Milla Jovovich spielt die Hauptrolle der Joan, deren Familienmitglieder durch englische Soldaten ermordet werden. Stimmen befehlen ihr, dem Dauphin, dem späteren Karl VII. (gespielt von John Malkovich), zur Krönung zu verhelfen. Sie befreit Orléans und lässt Karl VII. zum König krönen. Johanna aber will alle Engländer aus Frankreich vertreiben. Durch Verrat des Königs, dem die Gotteskriegerin zu gefährlich wird, gerät Johanna schließlich in englische Gefangenschaft. Die Engländer klagen sie als Gesandte des Teufels und als Hexe an. Der Film ähnelt einem Drama in drei Akten. Zunächst tritt Johanna als Heilige auf, um dann die besessene Kriegerin zu spielen, bis sie schließlich nach den Verhören geistig verwirrt ist und auf dem Scheiterhaufen verbrannt wird. Kritikerinnen und Kritiker lobten die ausgezeichnete Drehbuch- und Regiearbeit Bessons.

Eine weitere Verfilmung des Stoffes aus dem Jahr 1999 stammt vom kanadischen Regisseur Christian

Duguay (geb. 1957): *Joan of Arc* (dt. *Jeanne d'Arc – Die Frau des Jahrtausends*). Der Film erzählt die Geschichte eines einfachen Bauernmädchens, das seinen Glauben an seine Berufung und an die Unterstützung Gottes nie verliert. Aufgrund ihrer unerschütterlichen Überzeugung und ihres ungebrochenen Mutes wird Jeanne zu einer bedeutenden Heerführerin, noch bevor sie auf den Dauphin trifft.

9. Prüfungsaufgaben mit Lösungshinweisen

Aufgabe 1: Analyse eines literarischen Textes mit weiterführendem Schreibauftrag

Arbeitsauftrag 1 a): Analysieren und interpretieren Sie folgenden Textauszug aus dem zweiten Auftritt des vierten Aufzugs: »SOREL. Doch du bleibst immer ernst und streng« (V. 2630) bis »JOHANNA. [...] Die Feindin von dir, die Verräterin!« (V. 2713) anhand der Ihnen aus dem Unterricht bekannten Kriterien.
Arbeitsauftrag 1 b): Setzen Sie sich kritisch mit Agnes Sorels Idee von Weiblichkeit auseinander. Beziehen Sie die Sichtweisen der wichtigsten männlichen Figuren in Ihre Untersuchung ein.

Erläuterungen zu den Operatoren:

Analysieren: einen Text als Ganzes oder aspektorientiert unter Wahrung des funktionalen Zusammenhangs von Inhalt, Form und Sprache erschließen und das Ergebnis der Erschließung darlegen

Interpretieren: auf der Grundlage einer Analyse im Ganzen oder aspektorientiert Sinnzusammenhänge erschließen und unter Einbeziehung der Wechselwirkung zwischen Inhalt, Form und Sprache zu einer schlüssigen (Gesamt-)Deutung gelangen

Sich (kritisch) mit ... auseinandersetzen: eine Aussage, eine Problemstellung argumentativ und urteilend abwägen

Lösungshinweise

Zu 1 a)

1. Einleitungs- und Übersichtssatz: Autor, Textsorte, Zeit der Entstehung, Überleitungssatz zur Analyse

2. Einordnung der Szene in das Gesamtgeschehen der Tragödie:

Im zweiten Auftritt des vierten Aufzugs unterhalten sich Johanna und Agnes Sorel über das Wesen der Frauen, ihr Verhältnis zu Männern und insbesondere über Johannas Andersartigkeit. Das voraufgegangene Geschehen lässt sich so zusammenfassen:

- Ausgangssituation: Johanna folgt streng ihrem göttlichen Auftrag: führt franz. Heer im Kampf gegen England an, so dass Karl zum König gekrönt wird, schwört menschlicher Liebe ab, lehnt Heiratsanträge (u. a. des Grafen Dunois) ab
- verliebt sich plötzlich in engl. Anführer Lionel → tiefe Krise angesichts Unvereinbarkeit von Gefühlen und göttlicher Pflicht → Verzweiflung selbst am Tag der Krönung, an dem Sorel sie aufsucht

3. kurze, verständliche Wiedergabe des Inhalts der Szene mit eigenen Worten:

- Dialog zwischen Sorel und Johanna über die Liebe
- Sorel beklagt Gefühlskälte Johannas und versucht, sie zu überreden, nicht weiter zu kämpfen → die vermutete Folge: Johanna werde bald das ›weibliche‹ Gefühl der Liebe verspüren

- Johanna lehnt den Vorschlag verzweifelt ab, Agnes Sorel kann ihr Trübsal nicht nachvollziehen
- Sorel tut Liebe zu Karl kund → Johanna betont, wie glücklich sie sich schätzen kann, ihre Gefühle nicht verstecken zu müssen → Sorel schlussfolgert erleichtert, dass Johanna doch lieben kann, fällt ihr um den Hals
- Johanna weist sie barsch zurück, deutet an, ein Unglück erfahren und Verrat begangen zu haben

4. Analyse und Deutung des Dialogs:
- Skizzierung des Gesprächsanlasses: bevorstehende Krönung Karls, Geliebte Sorel begegnet Johanna im Festsaal, möchte ihre Freude mit der Retterin Frankreichs und Karls teilen
- Beschreibung des Befindens der Dialogpartnerinnen: beide sind von heftigen, jedoch gegensätzlichen Gefühlen ergriffen: Sorel ist angesichts der Krönung ihres Geliebten freudig gerührt; Johanna ist verzweifelt angesichts ihres Verstoßes gegen den göttlichen Auftrag: fühlt sich als Verräterin und bedauert, ihre Liebe zu Lionel verstecken zu müssen
- Beschreibung und Deutung der Intentionen der beiden Figuren und ihrer Überzeugungsstrategien: Sorel möchte Johanna dazu bringen, Liebe zu verspüren – nach Möglichkeit zum angesehenen Grafen Dunois, der um sie wirbt → appelliert an sie, das Kämpfen aufzugeben, preist Dunois und spricht von eigenen Liebesglück;
- Johanna wünscht, in ihrem Kummer alleingelassen zu

werden → weist Sorel barsch ab; deutet den Grund ihres Unglücks in vagen Worten an, die Sorel abschrecken müssen (z. B. »pesterfüllte[] Nähe«, V. 2703)

- Analyse des Gesprächsverlaufs und des Ergebnisses: Erst nachdem Sorel ihr Glück angesichts der bevorstehenden Krönung kundgetan hat, erkennt sie, dass Johanna ihre freudige Stimmung nicht teilt. Ihre Versuche, sie dazu zu überreden, das Kämpfen aufzugeben, scheitern: Johanna ist entschlossen zu kämpfen und geht nicht auf Sorels Preisung des Grafen Dunois ein. Auch lindern Sorels aufmunternde, huldigende Worte Johannas Verzweiflung nicht. Erneut verleiht Sorel ihrer Liebe zu Karl Ausdruck, als sie ihre Schwäche im Vergleich zu Johanna herausstreicht: Während Johanna um das Wohl des ganzen »Vaterlandes« (V. 2676) bemüht sei, interessiere sie sich nur für ihren Geliebten. Dass Johanna das Glück, die eigene Liebe offen kundtun zu können, nachvollziehen kann, wertet Sorel erleichtert als Zeichen für ihre Liebesfähigkeit. Johanna jedoch weist Sorel zurück. Sie hält sich für eine Verräterin, gibt aber über den Grund ihrer Verzweiflung keinen Aufschluss, so dass Sorel diese nicht nachvollziehen kann.
- Analyse der Verteilung der Redebeiträge: Fröhlichkeit Sorels spiegelt sich in ihrer Redseligkeit wider: lange Redebeiträge; Johannas Wunsch, alleingelassen zu werden, zeigt sich in ihrer Wortkargheit. Erst am Höhepunkt ihrer Verzweiflung verleiht sie dieser in einer längeren Rede Ausdruck (V. 2685–96).

5. Beschreibung und Deutung der sprachlichen Mittel und Bestimmung ihrer Funktion und Wirkung:

- zahlreiche Ausrufe (Exklamationen) unterstreichen Emotionalität der Figuren (»O könnt ich mich / Verbergen in den tiefsten Schoß der Erde!«, V. 2667 f.)
- metaphorische Sprache verleiht den Wünschen und Sorgen der Figuren Nachdruck (»Dein Herz ist kalt«, V. 2632, »pesterfüllten Nähe«, V. 2703), ebenso das rhetorische Mittel der Wiederholung (»**Sie** teilen dein Gefühl, **sie** heil'gen es / **Dir** jauchzen sie, **dir** flechten sie den Kranz«, V. 2692 f.)
- …

6. Erläuterung der Bedeutung der Szene für den weiteren Handlungsverlauf:

- Johanna erreicht Höhepunkt ihrer Verzweiflung: Unvereinbarkeit von Pflicht und Neigung scheint unüberwindbar
- vage Andeutungen ihrer Schuld mögen dazu beitragen, dass sie rasch verbannt wird (nachfolgend zeigt sich, dass sie sich durch ihre Verzweiflung verdächtig macht, V. 2749 f.)
- nach ihrer Verbannung kann Johanna den Widerspruch zwischen Neigung und Pflicht auflösen: Liebe zu Lionel kommt zum Erliegen, sie kämpft nunmehr nicht nur aus Pflicht, sondern auch aus eigenem Antrieb

7. zusammenfassende Deutung der Befunde und Überleitungssatz zu Arbeitsauftrag 1 b)

Zu 1 b)

1. kritische Auseinandersetzung mit den Ansichten Agnes Sorels: knüpft Emotionalität, insb. Liebesfähigkeit, an Weiblichkeit (»O könntest du ein Weib sein und empfinden!«, V. 2635); erachtet Kriegslust als unweiblich und hinderlich für Gefühle

2. Darstellung der Sichtweisen männlicher Figuren auf das weibliche Rollenbild, etwa die …
- … des Erzbischofs: Beteiligung an kriegerischen Auseinandersetzungen ziemt friedfertigen Frauen nicht, Hauptaufgabe der Frau: »[d]em Mann […] [eine] liebende[] Gefährtin« (V. 2205) sein
- … Thibauts: Frauen müssen versorgt, beschützt werden (V. 21 f.); haben sich nicht mit politischen und militärischen Themen auseinanderzusetzen (V. 292 f.)

3. Formulierung eines abschließenden, kritischen eigenen Urteils zu den unterschiedlichen Sichtweisen:
- Johanna macht deutlich, dass die friedliebende, gefühlvolle, unselbstständige, gänzlich ihrem Mann verpflichtete und an gesellschaftlichen Themen desinteressierte Frau ein Stereotyp ist; bricht mit dem althergebrachten Frauenbild: interessiert sich brennend für die politische Lage, gibt sich kämpferisch, gefühlskalt, selbstständig, nimmt eine richtungsweisende Rolle ein, lehnt Ehe ab
- Erwartungen an die Frau können als Versuch der patriarchalen Gesellschaft erachtet werden, Frauen inner-

halb verschiedener Bereiche (dem familiären, dem militärischen, dem politischen …) eine passive Rolle zuzuweisen

Aufgabe 2: Vergleich zweier fiktionaler Texte

Arbeitsauftrag 2 a): Analysieren und interpretieren Sie die untenstehenden Auszüge aus dem Gedicht *Würde der Frauen* von Friedrich Schiller.
Arbeitsauftrag 2 b): Vergleichen Sie Schillers Aussagen zu Frauen in seinem Gedicht mit der Darstellung der Johanna von Orleans in seiner romantischen Tragödie.

Erläuterungen zu den Operatoren:

Analysieren: einen Text als Ganzes oder aspektorientiert unter Wahrung des funktionalen Zusammenhangs von Inhalt, Form und Sprache erschließen und das Ergebnis der Erschließung darlegen

Interpretieren: auf der Grundlage einer Analyse im Ganzen oder aspektorientiert Sinnzusammenhänge erschließen und unter Einbeziehung der Wechselwirkung zwischen Inhalt, Form und Sprache zu einer schlüssigen (Gesamt-)Deutung gelangen

Vergleichen: nach vorgegebenen oder selbst gewählten Gesichtspunkten Gemeinsamkeiten, Ähnlichkeiten und Unterschiede herausarbeiten und gegeneinander abwägen

Textgrundlage:

Friedrich Schiller: Würde der Frauen (1796)

Ehret die Frauen! sie flechten und weben
Himmlische Rosen ins irdische Leben,
Flechten der Liebe beglückendes Band,
Und, in der Grazie züchtigem Schleier,
Nähren sie wachsam das ewige Feuer
Schöner Gefühle mit heiliger Hand.

Ewig aus der Wahrheit Schranken
Schweift des Mannes wilde Kraft,
Unstet treiben die Gedanken
Auf dem Meer der Leidenschaft.
Gierig greift er in die Ferne,
Nimmer wird sein Herz gestillt,
Rastlos durch entlegne Sterne
Jagt er seines Traumes Bild.

[...]

In der Männer Herrschgebiete
Gilt der Stärke trotzig Recht,
Mit dem Schwert beweist der Skythe[1]
Und der Perser[2] wird zum Knecht.
Es befehden sich im Grimme
Die Begierden wild und roh,
Und der Eris[3] raue Stimme
Waltet wo die Charis[4] floh.

Aber mit sanft überredender Bitte
Führen die Frauen den Zepter[5] der Sitte,
Löschen die Zwietracht, die tobend entglüht,
Lehren die Kräfte, die feindlich sich hassen,
Sich in der lieblichen Form zu umfassen,
Und vereinen, was ewig sich flieht.

Friedrich Schiller: Würde der Frauen. In: F. S.: Gedichte. Hrsg. von Norbert Oellers. Bibliogr. erg. Ausg. Stuttgart 2019. S. 220 f.

Wort- und Sacherläuterungen:

1 **Skythe:** Anhänger eines Nomadenstamms, der etwa vom 7. bis zum 3. Jahrhundert v. Chr. um das Schwarze Meer herum und später auch auf der Halbinsel Krim lebte
2 **Perser:** Bewohner Persiens (des heutigen Irans)
3 **Eris:** Göttin der Zwietracht und des Streites in der griechischen Mythologie
4 **Charis:** eine der drei Göttinnen der Anmut (»Chariten«) in der griechischen Mythologie
5 **Zepter:** verzierter Stab aus edlem Metall, Herrschaftszeichen

Lösungshinweise

Zu 2 a)

1. Einleitungs- und Übersichtssatz: Autor, Textsorte, Zeit der Entstehung, Überleitungssatz zum Hauptteil

2. kurze Inhaltswiedergabe mit eigenen Worten: Gegenüberstellung von weiblicher und männlicher Geschlechterrolle; als typisch für Frauen hebt das lyrische Ich

lobend hervor: Liebesfähigkeit, Talent für behutsame Konfliktvermittlung und Versöhnung, als typisch für Männer: gierige Leidenschaft; kämpferische Aggression, körperliche Stärke als einziges Herrschaftskriterium

3. zusammenfassende Deutung und Überleitungssatz zu Arbeitsauftrag 2 b)

Zu 2 b)

1. Vergleich: weibliches Rollenbild im Gedicht / Verhältnis Johannas zum Rollenbild in *Die Jungfrau von Orleans*

Gemeinsamkeiten:
- Johanna erweist sich als geschickte Konfliktvermittlerin (löst Zwietracht zwischen Burgund und Karl, V. 1718–1811); diese Fähigkeit schreibt das Gedicht Frauen zu
- verliebt sich in Lionel – Empfänglichkeit für Gefühle, Liebe nennt das Gedicht als weibliche Eigenschaft

Unterschiede:
- Johanna empfindet zu Beginn und am Ende des Stückes keine Liebe zu einem Menschen
- Liebe zu Lionel nährt sie nicht beständig, sondern sie gibt sie rasch auf ↔ das Aufrechterhalten der Liebe stellt das Gedicht als weibliche Eigenschaft heraus
- zeigt sich brutal und zur militärischen Auseinandersetzung bereit ↔. Aggressivität entspricht der männlichen Geschlechterrolle, die das Gedicht entwirft

2. abschließende Bewertung des Vergleichs: Johanna fügt sich nicht in das starre System gegensätzlicher Geschlechterrollen ein, das viele Figuren in Schillers Drama prägt, das prägnant aber auch in seinem Gedicht zur Darstellung kommt.

Aufgabe 3: Analyse eines pragmatischen Textes mit weiterführendem Schreibauftrag

Arbeitsauftrag 3 a): Analysieren und interpretieren Sie den nachfolgend zitierten Textausschnitt aus einer Vorlesung Schillers von 1784.
Arbeitsauftrag 3 b): Prüfen Sie, ob und inwieweit Schiller mit seiner Tragödie jene Wirkungen beim Publikum erzielen kann, die er dem Drama in seiner Vorlesung zuschreibt.

Erläuterungen zu den Operatoren:

Analysieren: einen Text als Ganzes oder aspektorientiert unter Wahrung des funktionalen Zusammenhangs von Inhalt, Form und Sprache erschließen und das Ergebnis der Erschließung darlegen

Interpretieren: auf der Grundlage einer Analyse im Ganzen oder aspektorientiert Sinnzusammenhänge erschließen und unter Einbeziehung der Wechselwirkung zwischen Inhalt, Form und Sprache zu einer schlüssigen (Gesamt-)Deutung gelangen

Prüfen: Aussagen/Behauptungen kritisch hinterfragen

und ihre Gültigkeit kriterienorientiert und begründet einschätzen

Textgrundlage:

Friedrich Schiller: Was kann eine gute stehende Schaubühne eigentlich wirken? (1784)

Die Gerichtsbarkeit der Bühne fängt an, wo das Gebiet der weltlichen Gesetze sich endigt. Wenn die Gerechtigkeit für Gold verblindet, und im Solde der Laster schwelgt, wenn die Frevel der Mächtigen ihrer Ohnmacht spotten und Menschenfurcht den Arm der Obrigkeit bindet, übernimmt die Schaubühne Schwert und Waage, und reißt die Laster vor einen schrecklichen Richterstuhl. Das ganze Reich der Phantasie und Geschichte, Vergangenheit und Zukunft stehen ihrem Wink zu Gebote. Kühne Verbrecher, die längst schon im Staub vermodern, werden durch den allmächtigen Ruf der Dichtkunst jetzt vorgeladen, und wiederholen zum schauervollen Unterricht der Nachwelt ein schändliches Leben. […] So gewiss sichtbare Darstellung mächtiger wirkt, als toter Buchstabe und kalte Erzählung, so gewiss wirkt die Schaubühne tiefer und dauernder als Moral und Gesetze. […]

So groß und vielfach ist das Verdienst der bessern Bühne um die sittliche Bildung; kein geringeres gebührt ihr um die ganze Aufklärung des Verstandes. […]

Die Schaubühne ist der gemeinschaftliche Kanal, in welchen von dem denkenden bessern Teile des Volks das Licht der Weisheit herunterströmt, und von da aus in milderen Strahlen durch den ganzen Staat sich verbreitet. Richtigere Begriffe, geläuterte Grundsätze, reinere Gefühle fließen von hier durch alle Adern des Volks; der Nebel der Barbarei, des finstern Aberglaubens verschwindet, die Nacht weicht dem siegenden Licht. [...]

Unmöglich kann ich hier den großen Einfluss übergehen, den eine gute stehende Bühne auf den Geist der Nation haben würde. Nationalgeist eines Volks nenne ich die Ähnlichkeit und Übereinstimmung seiner Meinungen und Neigungen bei Gegenständen, worüber eine andere Nation anders meint und empfindet. Nur der Schaubühne ist es möglich, diese Übereinstimmung in einem hohen Grad zu bewirken [...]. Wenn in allen unsern Stücken ein Hauptzug herrschte, wenn unsre Dichter unter sich einig werden, und einen festen Bund zu diesem Endzweck errichten wollten – wenn strenge Auswahl ihre Arbeiten leitete, ihr Pinsel nur Volksgegenständen sich weihte – mit einem Wort, wenn wir es erlebten eine Nationalbühne zu haben, so würden wir auch eine Nation. [...]

Die Schaubühne ist die Stiftung, wo sich Vergnügen mit Unterricht, Ruhe mit Anstrengungen, Kurzweil mit Bildung gattet, wo keine Kraft der Seele zum Nachteil der andern gespannt, kein Vergnügen auf Unkosten des Ganzen genossen wird. [...] [I]n dieser künstlichen Welt träumen wir die wirkliche hinweg, wir werden uns selbst wieder gegeben, unsre Empfindung erwacht, heilsame Leidenschaften erschüttern unsre schlummernde Natur, und treiben das Blut in frischeren Wallungen. Der Unglückliche weint hier mit fremdem Kummer seinen eigenen aus, – der Glückliche wird nüchtern, und der Sichere besorgt. Der empfindsame Weichling härtet sich zum

Manne, der rohe Unmensch fängt hier zum ersten Mal zu empfinden an.

Friedrich Schiller: Was kann eine gute stehende Schaubühne eigentlich wirken? In: F. S.: Vom Pathetischen und Erhabenen. Schriften zur Dramentheorie. Hrsg. von Klaus L. Berghahn. Stuttgart 2009. S. 5–21, hier S. 10 f., 16–20.

Lösungshinweise

Zu 3 a)

1. Einleitungs- und Übersichtssatz: Autor, Textsorte, Zeit der Entstehung, Überleitungssatz zur Analyse

2. kurze Wiedergabe der Aussagen zur Funktion und Wirkung der Schaubühne mit eigenen Worten:

- richterliche Instanz: unterrichtet über (Un-)Gerechtigkeit selbst dann, wenn die Organe der Rechtsprechung nicht funktionieren
- erzieherische Wirkung: Publikum wird über Moral unterrichtet; Nationalgefühl könnte gefördert werden, wenn sich Schreibende gesammelt darauf konzentrieren würden, Grundzüge einer Nation herauszuarbeiten
- Unterhaltung, Anregung zu frischen Empfindungen durch Mitfühlen mit den Figuren

3. Kurzzusammenfassung und Überleitungssatz zu Arbeitsauftrag 3 b)

Zu 3 b)

1. Prüfung der Übertragbarkeit von Schillers theoretischen Überlegungen auf *Die Jungfrau von Orleans*:
- das Drama eignet sich zur moralischen Bildung des Publikums, wie sie Schiller als Aufgabe des Theaters in seiner theoretischen Schrift formuliert: wirft moralische Probleme (Fragen nach legitimer Herrschaft, nach gerechter Rechtsprechung) auf: engl. Invasion in Frankreich wird verurteilt, Ungerechtigkeit einer vorschnellen Verurteilung wird am Beispiel von Johannas Verbannung deutlich
- mögliche Wirkung des Stückes zu Lebzeiten Schillers: Anregung dazu, sich androhende Fremdherrschaft Napoleons entschieden abzulehnen (durch negative Darstellung von Fremdherrschaft, mutige Gegenwehr der Soldaten unter Johanna). Damit könnte das Stück der Ausbildung eines dt. Nationalgefühls gedient haben, wie sie Schiller als Potenzial des Theaters in seinem Vortrag beschreibt (auch wenn es sich mit einem Teil franz. Geschichte beschäftigt). Ob das Drama jedoch einen nachhaltigen Effekt auf das Nationalbewusstsein breiter Teile der Bevölkerung und damit tatsächlich politisches Potenzial hatte, kann bezweifelt werden.
- Einblicke in Johannas Gedanken und Verzweiflung regen zum Mitfühlen an – eine Wirkung, die Schiller auch in seiner theoretischen Schrift beschreibt.
- weiterer Aspekt moralischer Bildung: diskutiert Ideen von Weiblichkeit, lässt die Protagonistin gegen das

weibliche Rollenbild verstoßen → kann als Beitrag zum gesellschaftlichen Diskurs über die Gleichberechtigung der Geschlechter gelesen werden: Erwartungen, mit denen die Figuren (wie auch Gesellschaft zu Schillers Lebzeiten) die Kategorien Mann und Frau verknüpfen, werden der Lebensrealität und dem Potenzial von Frauen nicht gerecht, ließe sich etwa deuten

2. Formulierung eines eigenen begründeten Urteils darüber, ob sich die theoretischen Überlegungen Schillers zu den Potenzialen des Theaters mit der moralischen, emotionalen, politischen Wirkung von *Johanna von Orleans* decken

10. Literaturhinweise/Medienempfehlungen

Einzelausgabe

Friedrich Schiller : Die Jungfrau von Orleans. Eine romantische Tragödie. Hrsg. von Uwe Jansen. Stuttgart: Reclam, 2022. (Reclam XL. Text und Kontext. 16145.) – *Nach dieser auf der Grundlage der gültigen amtlichen Rechtschreibregeln orthographisch behutsam modernisierten Ausgabe wird zitiert.*

Werkausgabe

Friedrich Schiller: Die Jungfrau von Orleans. In: Werke und Briefe in 12 Bänden. Hrsg. von Klaus Harro Hilzinger [u. a.]. Bd. 5: Dramen IV. Hrsg. von Matthias Luserke. Frankfurt a. M.: Deutscher Klassiker Verlag, 1996. S. 149–277. – *Mit einem umfangreichen Anmerkungsapparat: Entstehung, Wirkung, Deutungsaspekte und Stellenkommentar.*

Zur Biografie

Alt, Peter-André: Friedrich Schiller. München: Verlag C. H. Beck, 2004. (Beck'sche Reihe. 2357.) – *Für Schülerinnen und Schüler sehr gut geeignete Biografie mit einführenden und kommentierenden Texten zum Gesamtwerk Schillers.*

Schmiedt, Helmut: Friedrich Schiller. Marburg: Tectum Verlag, 2013. (Literatur Kompakt. 4.) – *Das reich bebil-*

derte Werk bietet einen umfassenden Einblick in die Aktualität Schillers, eine Zeittafel, einen biografischen Überblick, eine Skizze zu den Voraussetzungen und Merkmalen des literarischen Werks und seiner Wirkung. Auch für Schülerinnen und Schüler sehr gut geeignet.

Zum Gesamtwerk des Autors

Alt, Peter-André: Schiller. Leben – Werk – Zeit. Zwei Bände. München: Verlag C. H. Beck, 2000.

Luserke-Jaqui, Matthias (Hrsg.): Schiller-Handbuch: Leben – Werk – Wirkung. Stuttgart: J. B. Metzlersche Verlagsbuchhandlung und Carl Ernst Poeschel Verlag, 2005. – *Umfassende Darstellung, die sich mit verschiedenen Aspekten zu Autor und Werk beschäftigt. Eher für Lehrkräfte geeignet.*

Zu *Die Jungfrau von Orleans*

Guthke, Karl S.: »*Die Jungfrau von Orleans*«. In: Schiller-Handbuch. Hrsg. von Helmut Koopmann. Stuttgart: Alfred Kröner Verlag, 1998. S. 442–465. – *Zur Information der Lehrkraft. Bietet Anregungen zur vertiefenden Auseinandersetzung mit dem Stück.*

Körner, Torsten: »*Die Jungfrau von Orleans*«. In: T. K.: Schiller für die Schule. Zusammenfassungen und Lektürehilfen der wichtigsten Werke. Mit einem Vorwort und Lektürehilfen von Sonja Muschkowski. Würzburg: Arena-Verlag, 2008. S. 119–136. – *Den Schülerin-*

nen und Schülern sehr zu empfehlen. Ausführliche Inhaltsangabe und ›Spickzettel‹ am Ende.

Weitere Medien

Film

La passion de Jeanne d'Arc (dt.: Die Passion der Jungfrau von Orléans). Frankreich 1928. Regie: Carl Theodor Dreyer. 97 Min. FSK 12.

Joan of Arc (dt.: Johanna von Orleans). USA 1948. Regie: Victor Fleming. 140 Min. FSK 12.

The Messenger: The Story of Joan of Arc (dt.: Johanna von Orleans). Frankreich, USA 1999. Regie: Luc Besson. 160 Min. FSK 16.

Joan of Arc (dt.: Jeanne d'Arc – Die Frau des Jahrtausends). Kanada 1999. Regie: Christian Duguay. 180 Min. FSK 12.

Theater

Auch heutzutage wird Die Jungfrau von Orleans *immer wieder an deutschen Theaterbühnen inszeniert. Teilweise halten die Theater Materialien bereit und stellen sie auf Anfrage zur Verfügung. Auf YouTube haben einige Bühnen Trailer zu ihrer Aufführung hochgeladen, die interessante Einblicke in die Inszenierungen gestatten:*

Staatstheater Kassel: »*Die Jungfrau von Orleans* – Trailer«. 3. 12. 2013. www.youtube.com/watch?v=UJ1KCB3tjvs (Stand: 2. 2. 2022).

Badisches Staatstheater Karlsruhe: »*Die Jungfrau von Orleans*«. 9. 6. 2017. www.youtube.com/watch?v=L88f863Ij_c (Stand: 2. 2. 2022).

Theater Lüneburg: »Trailer *Die Jungfrau von Orleans*, Theatersolo nach Friedrich Schiller| Großes Haus«. www.youtube.com/watch?v=rmZpTS_JCQ8 (Stand: 2. 2. 2022).

Hörspiel

Friedrich Schiller: Johanna von Orleans. Ein Drama. Ungekürzt gelesen von Jürgen Fritsche. Butzbach: BANG Management & Verlag, 2019.

Sonstiges

Sommers Weltliteratur to go: *Die Jungfrau von Orleans to go* (Schiller in 10 Minuten). www.youtube.com/watch?v=1wzVOv4V15w (Stand: 2. 2. 2022).

11. Zentrale Begriffe und Definitionen

Aristoteles / Aristotelische Einheit: Aristoteles (384–322 v. Chr.) war ein Universalgelehrter des antiken Griechenlands, der sich insbesondere mit der Poetik (der Theorie der Dichtkunst), der Philosophie und der Politik beschäftigte. Seine Überlegungen zum Drama galten bis weit ins 18. Jahrhundert hinein als richtungsweisend; diese werden auch unter der Bezeichnung »aristotelisches Theater« zusammengefasst. Eine wichtige Konvention, die Aristoteles prägte, sind die sogenannten Aristotelischen Einheiten von Zeit und Handlung: Eine Dramenhandlung soll sich innerhalb eines Sonnenumlaufs abspielen; zudem soll sie sich auf einen Handlungsstrang beschränken. Erst später kam die Einheit des Ortes hinzu, die nicht auf Aristoteles zurückgeht, aber dennoch als eine der drei Aristotelischen Einheiten bezeichnet wird.

➤ S. 65, 84

Auftritt: Handlungsabschnitt in Dramentexten (auch Szene oder Bild genannt). Ein ➤ Aufzug/Akt eines Dramas ist gewöhnlich in mehrere Auftritte untergliedert.

➤ S. 7, 16–39, 64, 69, 84

Aufzug/Akt: Hauptgliederungselement des Dramas. Ein Drama besteht in der Regel aus drei oder – wie viele Dramen der Antike und der Klassik – aus fünf Akten (➤ Fünf-Akte-Schema).

➤ S. 7, 12, 14, 16, 62–66, 84, 112 f.

Blankvers: übliches Versmaß in klassischen Dramen. Es handelt sich um einen ungereimten fünfhebigen ➤ Jambus.

➤ S. 67 f., 84

Botenbericht: Wenn Ereignisse nicht auf der Bühne dargestellt werden können (etwa weil sie zu brutal, zu umfangreich sind), erlaubt es diese dramatische Technik, sie dennoch in das Geschehen einzubinden: Sie werden von einer Figur (dem Boten) rückblickend mitgeteilt und kommentiert.

➤ S. 12, 21, 66 f.

Burgund: Region im Osten Frankreichs, die zur Zeit des ➤ Hundertjährigen Krieges unter anderem von Herzog Johann Ohnefurcht (1371–1419) und nach dessen Ermordung im Zuge des Bürgerkrieges zwischen seinen Anhängern und denen des Herzogs von Orléans von dessen Sohn, Philipp dem Guten (1396–1467), regiert wurde. Dieser schloss 1420 ein Bündnis mit den Engländern und versöhnte sich erst 1435 mit Karl VII. (1403–1461).

➤ S. 8 f., 59–61, 75–77

Code civil / Code Napoléon: bürgerliches Gesetzbuch, das in Frankreich 1804 unter Napoléon Bonaparte (1769–1821) eingeführt wurde. Während es der Bevölkerung auf der einen Seite neue Frei- und Sicherheiten erlaubte (Gewerbefreiheit und freie Berufswahl durch Abschaffung des Zunftzwangs, Schutz des Privateigentums etc.), schränkte es auf der anderen Seite Frauenrechte ein: Frauen waren einem männlichen Vormund unterstellt.

➤ S. 92

Dauphin: Bezeichnung für den Thronerben des Königs von Frankreich.

➤ S. 17, 40, 50, 53, 56, 73, 110 f.

Drama(tik): Bezeichnung einer literarischen Großgattung (neben der Lyrik und der Epik). Sie umfasst Texte, die für die Bühne konzipiert sind und verteilte Rollen vorsehen. Wichtige Untergattungen sind die Tragödie, die sich durch das Scheitern der Hauptfigur (Katastrophe) auszeichnet, und die Komödie mit (für die Hauptfigur) glücklichem Ausgang des dramatischen Konflikts (Happy End).

➤ S. 7–9, 62, 65, 67, 71 f., 78 f., 81 f., 84, 86, 103, 109 f., 122, 126

Fünf-Akte-Schema: Dramenmodell nach dem römischen Dichter Horaz (65 – 8 v. Chr.), das u. a. der Schriftsteller und Dramentheoretiker Gustav Freytag (1816–1895) verfeinerte. Danach umfasst ein Drama in der Regel fünf Akte (Aufzüge): Exposition, steigende Handlung (Entstehung des Konflikts / »Schürzung des Knotens«), Höhepunkt und Umschlag der Handlung (Peripetie), fallende Handlung (Abflauen der Spannung, jedoch mit retardierendem Moment: Verzögerung der Konfliktlösung, vorübergehende Spannungssteigerung), Katastrophe oder Lösung.

➤ S. 64–66, 84

Gemischter Charakter: Begriff aus Schillers dramentheoretischem Aufsatz »Ueber die tragische Kunst« (1792). Gemeint ist eine Figur, die nicht über nur gute oder nur schlechte Charaktereigenschaften verfügt. Sie eignet sich laut Schiller dazu, Mitleid beim Publikum auszulösen, wohingegen eine vollkommene Figur nicht leiden kann und eine verwerfliche Figur stattdessen Abscheu erregt.

➤ S. 81

Hexe: Im Mittelalter und in der frühen Neuzeit wurden Hebammen und Heilkundige oft als Hexen bezeichnet und bestraft. Sie wurden (häufig aus persönlichen Motiven wie dem Wunsch, Familienkonflikte oder Konkurrentinnen aus der Welt zu schaffen) beschuldigt, Teufelsbündnisse eingegangen zu sein und Zauberei zu betreiben. Nach Hexenprozessen (oft mit Folter), wurden die Frauen fast immer zum Tode durch Verbrennen auf dem Scheiterhaufen verurteilt.

➤ S. 8, 15, 36 f., 74, 110

Hundertjähriger Krieg (1337–1453): Krieg zwischen England und Frankreich, der sich vor allem am Konflikt beider Parteien um die Thronfolge in Frankreich entzündete und Schiller zur Vorlage für den militärischen Konflikt in *Die Jungfrau von Orleans* diente.

➤ S. 7 f., 75

Jambus: Der Jambus ist ein Versfuß, d. h. ein kleines rhythmisches Element eines Verses, das aus zwei Silben besteht: einer unbetonten, auf die eine betonte folgt.

➤ S. 67 f.

Klassik: Epoche etwa ab 1786 bis etwa 1832, besondere Merkmale: Anlehnung an antike Ideale der Schönheit, Vervollkommnung, Humanität und Harmonie, auch: Harmonie von Form und Inhalt durch eine geregelte Sprache und ein geregeltes Versmaß (➤ Blankvers). Als Erziehungsideal gilt die ➤ schöne Seele. Blütezeit innerhalb der Klassik ist die sogenannte Weimarer Klassik, jene Periode von etwa 1786 bis zu Schillers Tod 1805, in der Johann Wolfgang Goethe (1749–1832) und Friedrich Schiller (1759–1805) zusammen mit Christoph Martin Wieland (1733–1813) und Johann Gottfried Herder (1744–1803) in Weimar wirkten.

➤ S. 7, 83 f., 103

Mauerschau: dramatische Technik, die es ermöglicht, Ereignisse, die nicht auf der Bühne dargestellt werden können, zum Teil der Dramenhandlung zu machen. Im Unterschied zum ➤Botenbericht werden die Ereignisse nicht rückblickend geschildert, sondern eine Figur beobachtet sie von einem günstigen, zumeist erhöhten Standpunkt aus und schildert sie unmittelbar jenen Figuren, denen sie nicht einsichtig sind.

➤ S. 66 f.

Patriarchat: Gesellschaftssystem, das maßgeblich von Männern bestimmt ist. Männer haben (in der Rolle des Ehemannes und des Vaters) die Vormachtstellung in allen familiären und öffentlichen Angelegenheiten und Rechtsfragen.

➤ S. 51, 91–95, 117

Patriotismus: starke emotionale Verbundenheit zum ›Vaterland‹, die sich auf historische, kulturelle, politische und andere Eigenheiten gründen kann.

➤ S. 42, 48, 51, 58, 60, 80 f., 106

Prolog: griech. *prólogos* ›Vorwort‹. Einleitung eines Dramas, die etwa der Erläuterung der Intentionen eines Stückes dienen kann oder auch der Exposition (d. h. der Einführung in die Ausgangssituation, die Hauptfiguren etc.).

➤ S. 7, 12, 16, 62, 64, 66, 84 f., 87 f., 92

Rehabilitierung: Wiederherstellung des sozialen Ansehens, der verletzten Ehre einer Person.

➤ S. 10, 39, 47 f., 55, 74, 89

Romantik: Epoche ab etwa 1795 bis etwa 1840, besondere Merkmale: Religiosität (Jenseits- und Aberglauben), Motive der Nacht, des Traumes, der Sehnsucht, der Reise, des

Verschwimmens von Realität und Phantasie. Übernatürliche Phänomene und der Tod spielen eine wichtige Rolle. Die Romantik kann als Gegenbewegung zur ➤ Klassik und zur Aufklärung verstanden werden: Zentral war die Abkehr von der Vernunft und die Hinwendung zur Phantasie.

➤ S. 10 f., 84 f., 106

Satire: literarische Kunstform, die Personen, Begebenheiten oder Zustände kritisiert und so gesellschaftliche Missstände entlarven will. Typische Stilmittel, die Distanz zum Dargestellten herstellen sollen und dieses häufig ins Lächerliche ziehen, sind etwa die Über- oder Untertreibung, die bewusste Vereinfachung und Mehrdeutigkeiten.

➤ S. 71 f., 105

Schöne Seele: Wichtiges Element der Schiller'schen Philosophie. Demnach ist die schöne Seele ein psychischer Idealzustand: Pflichtgefühl und Neigung, Gefühl und Vernunft befinden sich im Einklang miteinander, so dass der Mensch sich gefahrlos von seinen Gefühlen leiten lassen kann.

➤ S. 90 f.

Stanze: ursprünglich ital. Strophenform, die in der deutschsprachigen Dichtung in der Regel aus acht jambischen Verszeilen (➤ Jambus) mit jeweils elf Silben (d. h. jambischen Fünfhebern mit weiblicher Kadenz) besteht. Das Reimschema lautet: abababcc.

➤ S. 68 f.

Sturm und Drang: Epoche zwischen 1765 und 1785, die sich in Abgrenzung zur Aufklärung entwickelte und das Gefühl (im Gegensatz zum Verstand) in den Vordergrund rückte. Das Streben nach Freiheit (Freiheit, den eigenen Gefühlen Ausdruck zu verleihen; Freiheit von sozialen Normen …) wird nicht nur motivisch verarbeitet, sondern schlägt sich auch in der Form nieder (Abkehr von einer strengen Regelpoetik: freie Metrik, offene Dramenform, derbe Sprache …). Der Dichter gilt als Originalgenie, das sich nicht an literarische Konventionen zu halten hat. Es wird Kritik geübt an gesellschaftlichen Zuständen und bürgerlichen Idealen.

➤ S. 82 f., 101

Trimeter: antikes Versmaß, das aus drei rhythmischen Einheiten (Metra, Singular: Metron) besteht. Ein Metron umfasst bei zweigliedrigen Versfüßen wie dem ➤ Jambus zwei Versfüße, d. h., der jambische Trimeter besteht aus drei Metra = sechs Jamben = zwölf Silben.

➤ S. 69, 84